NEIL STOKES

SU-76 ON THE BATTLEFIELD

★ WORLD WAR TWO PHOTOBOOK SERIES ★

volume 12

Kiadja / Published by
PeKo Publishing Kft.
8360 Keszthely, Bessenyei György utca 37.
Email: info@pekobooks.com
www.pekobooks.com

Felelős kiadó / Responsible publisher
Kocsis Péter

Írta / Author
Neil Stokes

A magyar szöveget szakmailag lektorálta / Hungarian text's proofreading
Dr. Számvéber Norbert

Printed in Hungary

Fotók / Photos
Neil Stokes, Péter Kocsis, Jürgen Wilhelm, Strategia KM, RGAKFD, Imageforum AFP, BPK, Gettyimages

Kiadás éve / First published
2016

ISBN 978-615-5583-00-1
ISSN 2063-9503

KÖSZÖNETNYILVÁNÍTÁS

Ezt a könyvet kedves barátom Stefan De Meyer emlékének ajánlom, aki tragikus körülmények között hunyt el 2016 májusában. Az ő történelem iránti megszállottsága felülmúlhatatlan volt és személye nagyon hiányozni fog nekünk.

Nem volna igazságos, ha úgy tennék mintha ez a könyv csak az én munkám gyümölcse volna. Sokaknak tartozom köszönettel, akik hozzájárultak a kiadvány létrejöttéhez. Különösen Kocsis Péternek szeretném megköszönni, aki beszerezte a képek nagy többségét.

Neil Stokes

ACKNOWLEDGEMENTS

This book is dedicated to the memory of my dear friend Stefan De Meyer, who passed so tragically in May 2016. His passion for history was unsurpassed and he will be greatly missed.

I would be most remiss if I were to pretend this book is due solely to my own efforts. I would like to thank all those who contributed photos and gave their expert advice, in particular Peter Kocsis who provided most of the photographs in the book.

Neil Stokes

BEVEZETŐ

Az 1942-1945 között leszállított több mint tizenkétezer darab SzU-76 (Szamohodnaja Usztanovka – önjáró löveg, cirill írásjelekkel СУ-76) a Nagy Honvédő Háború egyik leggyakoribb önjáró lövege volt. Ezek túlnyomó többsége az RKKA (Rabocse-Kresztyanszkaja Krsznaja Armija – A Munkás-Paraszt Vörös Hadsereg) kötelékében teljesített szolgálatot, de néhány példányt a szovjet parancsnokság alatt álló lengyel csapatok is alkalmaztak.

Az SzU-76 a Harckocsiipari Népbiztosság által 1942 márciusában keltezett indítványának köszönhetően született meg, amely eredetileg egy 76,2 mm-es önjáró löveg, számos 37 mm-es légvédelmi löveggel felszerelt gépjármű és egy 45 mm-es löveggel ellátott könnyűharckocsi tervezését irányozta elő. A tervezési munkálatok már áprilisra befejeződtek, de a rendelkezésre álló nyersanyagok ezek közül csak két prototípus megépítését tették lehetővé – a 76,2 mm-es önjáró löveg és egyetlen 37 mm-es önjáró légvédelmi löveg készült el. Ezeket a szverdlovszki 37. Számú Gyár készítette, és 1942 júniusában sikeres próbáknak vetette alá. A GKO ugyan azonnal elrendelte a mihamarabbi felkészülést a sorozatgyártásra, azonban a 37. Számú Gyár teljes kapacitását lekötötte a könnyű harckocsik gyártása a sztálingrádi csata kezdetekor. Így az önjáró löveg rendszeresítése késedelmet szenvedett.

Ezzel párhuzamosan a Gorkij Gépkocsigyár a saját, SzU-71 tervén, a 38. Számú Gyár pedig az SzU-12 tervén dolgozott. 1942. október második felében a GKO október 19-i utasításának értelmében a 37. Számú Gyár és az UZTM U-31 tervezetét egyesítették, hogy december 1-vel megkezdhessék a kísérleti sorozatgyártását.

Az SzU-12 és az SzU-71 prototípusait novemberben összehasonlító próbáknak vetették alá. Az SzU-71 kevésbé bizonyult megbízhatónak, különösen a motor hűtési rendszerével adódtak problémák. Az értékelő bizottság az SzU-12-t javasolta sorozatgyártásra SzU-76 jelzéssel, és december 2-át jelölte meg a gyártás kezdeti időpontjaként.

Az SzU-76 a T-70 könnyűharckocsi meghosszabbított és kiszélesített alvázára, a futóművet oldalanként egy-egy futógörgővel kiegészítve épült. A páncélteknő homogén hengerelt páncéllemezekből állt, a jármű vezetője a páncéltest első részének közepén, a két motor között kapott helyet. A főfegyverzet és a személyzet többi tagja a jármű hátsó felére épített, hatoldalú zárt felépítménybe került. A lemezek többségét egymáshoz hegesztették, de néhányat – például a motortér tetőlemezét – szegecsekkel rögzítettek, hogy könnyebb hozzáférhetőséget biztosítsanak. A páncéllemezek vastagsága 35 mm (a küzdőtér homlokpáncélja) és 7 mm (tetőlemez és haspáncél) között változott, a jármű súlya 11,2 tonna volt.

Az SzU-76 meghajtását két, a páncéltest első részében, a vezető két oldalán egymással párhuzamosan elhelyezett, 70 lóerős GAZ-202 folyadékhűtéses motor biztosította. A hűtőlevegőt a motorok elején kialakított ventilátorok juttatták a motortérbe a tetőlemez két oldalán kialakított hűtőrácsokon keresztül. A levegő a motorokon és a ventilátorokon át a teknő két oldalán, a küzdőtér alatt elhelyezett nyílásokon távozott, amelyeket függőleges rácsok védtek. Ezeket fémlemezekkel lehetett eltakarni, hogy hideg időben bent tartsák a kellő mennyiségű hőt. A jobb oldali motort egy kiegészítő fűtőberendezéssel is ellátták. A jármű küzdőterének első részében, a két alsó sarokban helyezték el a két üzemanyagtartályt, amelyekben összesen 400 liter üzemanyag fért el – ezzel a jármű hatótávolsága 250 km volt.

A két motor külön hajtotta meg a jármű elejére szerelt két 15 fogas meghajtókereket az önálló, 5 sebességes (4 előre, 1 hátra) GAZ-MM váltómű segítségével. A lánctalpak szélessége 300 mm volt és 6-6 torziós rugózású, gumírozott futógörgőn és egy-egy teljesen fémből készült láncfeszítő görgőn haladtak végig. A lánc felső ívének futását három-három fém visszafutógörgő biztosította. A jármű úton elérhető legnagyobb sebessége 40 km/ó volt.

Az SzU-76-nak négyfős személyzete volt. A vezető a páncélteknő első részében, a két motor között kialakított zárt térben foglalt helyet. Ki- és beszállását egy felfelé nyíló ajtó tette lehetővé, amelyen egy figyelőprizmát is elhelyeztek számára. A járművet nem harci helyzetben nyitott búvónyílással is lehetett vezetni. A személyzet három másik tagja – a parancsnok, az irányzó és a töltőkezelő – a jármű hátsó részén kialakított zárt küzdőtérben helyezkedett el. Ők a jármű hátulján elhelyezett kétszárnyú ajtón szálltak be az önjáró lövegbe.

Az SzU-76 egy L/42 kaliberhosszúságú, 76,2 mm-es, félautomata zárszerkezettel ellátott, dupla csőszájfékű ZiSz-3 (1942 mintájú) ágyúval volt felfegyverezve. A löveget Vaszilij Gavrilovics Grabin tervezőirodája tervezte 1941-ben a 92. Számú Gyárban. A löveget a jármű hátsó felébe, a küzdőtérbe építették be. A tetőlemezen kialakítottak egy nyílást az irányzóműszernek, amelyet egy megemelt fedőlappal védtek, és ez a szellőzést is elősegítette. A löveget -2,5 - +25 fok között lehetett függőleges irányban, 15-15 fokban pedig oldalirányban mozgatni. Jól képzett személyzet percenként nyolc lövést tudott leadni, ugyanakkor a küzdőtérben felgyülemlő gázok jelentősen hátráltatták a teljesítményüket.

Az SzU-76 főfegyverzetéhez 60 darab lőszert lehetett bemálházni a járműbe. Ezek között vegyesen alkalmaztak páncéltörő (BR-350A, BR-350BBR-350BPS), romboló (F-354, F-354F), repesz (R-350A) és repesz-romboló (PF-350A) változatokat.

Különleges feladatok végrehajtásához az SzU-76-ba be lehetett málházni továbbá srapnel- (W-354G, W361), füst- (D-350) és gyújtólövedéket is (B-350). A BR-350 lövedék 6,3 kg volt, amely 155 gramm robbanóanyagot tartalmazott. Torkolati sebessége 662 m/s volt, 500 méteres távolságból 70 mm-es páncél átütésére volt képes. 1943 áprilisától került alkalmazásra a BR-354P űrméret alatti lőszer. A 3,02kg súlyú lövedék 500 méteres távolságból átütötte a 90 mm-es páncélzatot.

A fegyver legnagyobb közvetlen irányzású lőtávolsága 4000 méter volt, de az irányzóműszer optikája és a terepadottságok miatt általában a gyakorlati lőtávolság kisebb volt. Romboló lőszer alkalmazása esetén a legnagyobb megosztott irányzású lőtávolság 9170 méter volt.

A személyzet önvédelmére két PPS géppisztolyt is elhelyeztek az SzU-76-ban, amelyekhez 15 dobtárban 1065 darab lőszer tartozott. A felépítményben, a jobb oldalon, három dobozban 30 darab F-1 kézigránátot tároltak, és a felépítmény mind a négy oldalán kialakítottak egy-egy közelharcnyílást is, amiken keresztül használhatták az önvédelmi fegyvereket.

Az összes SzU-76-t felszerelték 9-R típusú rádióval, amit később felváltott a 9-RS változat. A rádiókészüléket a küzdőtér jobb hátsó sarkában helyezték el, közvetlenül a parancsnok harcállása előtt. Az 1 méteres antennát a küzdőtér tetejének jobb első sarkára rögzítették.

Az első 25 darab SzU-76 1942. december végén a kirovi 38. Számú Gyárban készült el, ezeket az önjáró tüzérség kiképző központjába szállították. Az első két bevethető alakulatot, az 1433. és az 1434. önjáró tüzérezredeket 1943 januárjában a Volhovi Front 54. hadseregéhez küldték Leningrád közelébe a város elleni blokád áttörésében részt vevő egységek támogatására.

Ezek az egységek a 08/158 számú utasítás értelmében négy, egyenként négy SzU-76-sal felszerelt, és két, szintén négy-négy SzU-122-sel felszerelt ütegből álltak. Az ezredparancsnok további egy SzU-76-sal rendelkezett. Ezt az előírást azonban hamarosan felváltotta a 08/191 számú rendelet, és így az ezred két ütegében négy-négy SzU-76, három ütegében pedig négy-négy SzU-122 teljesített szolgálatot. Ezek a vegyes felszereltségű ezredek azonban számos problémába ütköztek mind az utánpótlás, mind a kiképzés, mind az alkatrész-ellátás kapcsán. 1943 áprilisában ezért a 010/456 rendelet alapján további módosításokat hajtottak végre a szervezeti előírásban: az ezredek innentől kezdve öt ütegből álltak, amelyeket egyenként négy-négy SzU-76 alkotott.

A zárt felépítmény – különösen nyáron – kényelmetlenné tette a harctevékenységet, ráadásul a küzdőtérben felgyülemlő lőporgázok tovább súlyosbították a helyzetet. 1943 júliusának elején az NKTP ajánlásában a felépítmény tetőlemezének eltávolítását indítványozta.

További problémát jelentett a motorok és az erőátviteli rendszer elhelyezése és a motorok pontos szinkronizálása, ami miatt vibráció lépett fel. Ez a sebességváltó, illetve az erőátviteli rendszer gyakori meghibásodásához vezetett. Az ilyen problémák miatt a harcjármű kezelői különböző becenevekkel illették az SzU-76-t – többek között a „Szuka" („Ribanc") vagy „Szucska" („Ribancocska") nevet aggatták rá.

Az erőátviteli rendszer megerősítésére és a vibráció csökkentésére tett elsődleges próbálkozások kudarcot vallottak. Az SzU-76 gyártását 1943. március 21-én felfüggesztették, hogy az okokat kivizsgálva hatékony megoldást találjanak. A különböző források eddig az időpontig 170 és 230 darab közötti legyártott harcjárművet említenek, a 38. Számú Gyár azonban összesen 530 önjáró löveg legyártásáról tett jelentést.

Az SzU-76-ost érintő problémák azonban már ismertek voltak egy ideje, ezért 1943 januárjában a 37. Számú Gyárat arra utasították, hogy átmeneti megoldásként készítsen el kétszáz olyan önjáró löveget, amelyen az F-34 bázisán kialakított 76,2 mm-es S-1 löveget 96 darabos lőszerkészlettel a zsákmányolt Pz. III alvázakra építik be. Ezek a harcjárművek az SzU-76i (СУ-76И) jelölést kapták. A gyártást márciusban kezdték meg és novemberben fejezték be. Ez idő alatt összesen 201 SzU-76i került átadásra – kétszáz sorozatgyártott példány és egy prototípus. Ebbe a mennyiségbe beleértendő húsz darab parancsnoki változat is, amelyekre a Pz. III-ok parancsnoki kupoláját rögzítették és erősebb teljesítményű rádiót kaptak.

Az erőátviteli egység problémáinak áthidalására több átmeneti megoldás született 1943. március-áprilisban, ezek azonban általában sikertelennek bizonyultak. Ennek ellenére egy ilyen altípust, az SzU-21M-t ideiglenesen sorozatgyártásba vettek, hogy kielégítsék vele az önjáró tüzérség igényét a közelgő nyári hadműveletekkel kapcsolatban. Elképzelhető, hogy ezek a legyártott SzU-21M-ek részét képezték az SzU-76 530 darabos összmennyiségének.

Ezekkel a kezdeményezésekkel párhuzamosan a T-70 könnyűharckocsi erőforrásának és erőátviteli rendszerének felhasználásával egy sokkal átfogóbb megoldást is kidolgoztak, továbbá eltávolították a felépítmény tetőlemezét, hogy javítsák a küzdőtér szellőzését. Az elfogadott módosításokkal készült jármű SzU-76M (СУ-76М) jelzéssel került sorozatgyártásba.

Az SzU-76M esetében meghagyták a két motort és erőátviteli egységet, de a feljavított GAZ-203 motorokat nem párhuzamosan, hanem tandem elrendezésben, közös tengelyen alkalmazták. Mindkét egységet – amelyek egy váltó közbeiktatásával hajtották meg - a páncélteknő jobb oldalán, közvetlenül a vezető mellett helyezték el. A hűtőlevegő a motortér elejének tetejére helyezett hűtőrácson át az első motor elejére épített hűtőn keresztül jutott el a motorba, és egy csatornán keresztül a küzdőtér alatt a jobb oldalon távozott egy rácson át. Hideg időben ezt a rácsot három zárólemezzel lehetett letakarni, így biztosítva a kellő hőmérsékletet a jármű belsejében. A lemezeket használaton kívül a levegőkiömlő mögött tárolták.

Annak ellenére, hogy a motor teljesítménye 140 lóerő maradt, a harcjármű legnagyobb sebességét 30 km/órára csökkentették. A páncélteknő elejének bal oldalára áthelyezett üzemanyagtartályok befogadóképességét 412 literre növelték. Ez a jármű súlyának 11,2 tonnáról 10,5 tonnára történt csökkentésével együtt hozzájárult ahhoz, hogy az önjáró löveg hatótávolsága 320 km-re nőtt.

A motorok és a váltómű új elrendezése miatt az azokhoz való hozzáférés érdekében a motortér tetejének a jobb oldalán alakítottak ki egy kétszárnyú fedéllel zárható nyílást. Az iker-váltóművek két oldalon elhelyezett zárófedeleit megszüntették, helyettük már csak egyetlen, a homlokpáncél jobb első sarkában kialakított nyílást alkalmaztak. Szemből nézve e zárófedél alapján lehet megkülönböztetni az SzU-76M-et a korábbi SzU-76-tól.

Az SzU-76M áttervezett, négyoldalú, a tetején nyitott küzdőtérrel készült, amelynek hátfala és az azon elhelyezett ajtó kisebb lett. A legnagyobb páncélvastagságot 35 mm-ről 25 mm-re csökkentették. A felépítmény hátsó, felső sarkát „levágták", hogy az egy vonalba kerüljön a hátlappal, és mindkét sarokra kapaszkodókat rögzítettek. A felépítmény hátsó részének feltűnően eltérő kialakítása jelentősen megkülönbözteti az SzU-76M-et a korábbi változattól. Annak ellenére, hogy az áttervezett felépítmény javította a jármű szellőzését és több helyet biztosított a személyzet számára, téli időjárás során felettébb kényelmetlenné tette a járművet. Emiatt az SzU-76M-eket ellátták egy takaróponyvával, amelyet a küzdőtér külső felületére erősített fülekkel lehetett rögzíteni. A ponyvát használaton kívül a küzdőtér bal oldalfalának külső felületén rögzítették.

Akárcsak az SzU-76-okat, az összes SzU-76M-et is felszerelték rádióval. Ez a szabvány szerint lehetett 9-RS, vagy nagyhatósugarú 12RT típus. A készüléket a küzdőtér jobb első részében helyezték el. A rádióantennát (ugyanaz a változat, mint az SzU-76 esetében) egy páncélozott foglalatba rögzítették a küzdőtér jobb első oldalára.

Az SzU-76M fő fegyverzete ugyanaz az 1942 mintájú 76,2 mm-es ZiS-3 lett, mint amit az SzU-76 esetében alkalmaztak, szintén 60 darabos lőszerjavadalmazással (ugyanakkor történtek kísérletek arra is, hogy a javadalmazást 90 darabra növeljék). Emellett az SzU-76M-eket ellátták egy 7.62 mm-es DT golyószóróval is, amelyhez 945 darab lőszert biztosítottak, egy PPS géppisztollyal és F-1 kézigránátokkal is.

Az SzU-76M sorozatgyártása 1943 májusában kezdődött meg a kirovi 38. Számú Gyárban, a mitiscsi-I 40. Számú Gyárban és a gorkiji Gorkovszkij Gépjármű Gyárban (GAZ - Gorkovszkij Avtomobilnij Zavod). Ezek a gyárak a háború végéig összesen 11494 darab SzU-76M-et szállítottak le, ezek közül csak a GAZ 7523 darabot gyártott. A háború után a gyártás 1945 novemberi beszüntetéséig további 2238 önjáró löveg készült el.

Az SzU-76M első komolyabb bevetésére a Kurszk körüli harcok során került sor 1943 júliusában. Ettől az időponttól kezdve az önjáró löveg minden jelentős harctéren kivette a részét a harcokból. Az egyik ilyen különösen figyelemreméltó hadjárat az 1944-es belorussziai hadművelet volt. Olyan területeken, ahol a mocsaras, süppedős talaj lehetetlenné tette nehezebb harcjárművek számára, hogy támogassák a gyalogság támadását, az SzU-76M sikeresen megbírkózott a feladattal, mivel a sárba fektetett rönkökből kialakított szükségutakon is mozgásképes maradt és olyan irányokból tudta megközelíteni a német csapatokat, ahonnan azok nem számítottak támadásra. Az SzU-76M-ek a helységharcokból is kivették részüket, többek között a berlini csatában is részt vettek. Mindamellett, hogy a nyitott küzdőtér miatt a személyzet ki volt téve a felülről jövő ellenséges tűznek, ugyanakkor kiváló kilátást, illetve a kísérő gyalogsággal történő jobb kapcsolattartást biztosított a személyzetnek.

Az SzU-76M-mel felszerelt könnyű önjáró tüzérezredeket a 010/456-os számú rendelet alapján állították fel, amely alapján egy ezred öt, egyenként négy önjáró lövegből álló ütegből állt. Ezt a szerevezeti előírást 1943 októberében megváltoztatták, amikor is a 010/484-es utasítás értelmében egy ezred négy ütegében már öt-öt SzU-76M teljesített szolgálatot. A háború végén 140 könnyű önjáró tüzérezred állt szolgálatban a Vörös Hadsereg kötelékében.

1944 közepére több mint 200 könnyű önjáró tüzérezred létezett, ez azonban vezetési és irányítási problémákhoz vezetett az egységek tömeges alkalmazása során. Emiatt döntés született, hogy három-három ezred összevonásával ún. önjáró tüzérdandárokat hoznak létre. Ezek a dandárok 60 SzU-76M-mel és öt T-70 könnyűharckocsival rendelkeztek. A háború végéig hét ilyen dandárt szerveztek, ezek 21 ezrede beleértendő a fent említett 140 egységbe.

1944 végére nyilvánvalóvá vált, hogy a könnyű önjáró tüzérezredek nem alkalmasak a gyalogság támogatására, ezért a 04/568 számú utasítás alapján megkezdték a lövészhadosztályok átszervezését. Ennek értelmében minden hadosztálynak saját önjáró tüzérosztállyal kellett rendelkeznie, amelyek egyenként három ütegből álltak, ütegenként négy járművel. Ezen felül az osztályparancsnok is rendelkezett egy Szu-76M-mel, így az osztály 13 önjáró löveget számlált. Az ütegek állományát később öt SzU-76M-re növelték, tehát egy tüzérosztály 16 járművel rendelkezett. A háború végéig hetven lövészhadosztályt szereltek fel így.

Ugyanebben az időben hozták létre a közepes és nehéz önjáró tüzérdandárokat is, amelyek SzU-100, illetve ISzU-122/152 önjáró lövegekkel voltak felszerelve. A dandártörzs felderítőszakaszában három SzU-76M-et alkalmaztak.

1944 vége felé egy merevítőcsövet illesztettek a küzdőtér két sarkán elhelyezett kapaszkodók közé. Ezt a kiegészítő elemet sok 1945-ben készült fényképen fel lehet fedezni, de 1944 novembere előtt készült képeken nem találunk ilyet. A merevítőcsőre ráerősítettek egy rögzítőelemet, amelyre 7,62 mm-es DT golyószórót lehetett szerelni.

1945 nyarán, nem sokkal a háború vége után némileg módosítottak az SzU-76M külsején: a küzdőtér hátfalának és az oldallemezek hátsó részének megnövelték a magasságát. Szintén megnövelték a személyzet ki- és beszállását megkönnyítő hátsó ajtó méretét, ugyanakkor megszüntették a kapaszkodókat. Megváltozott a közelharcnyílások fedőlemezének alakja is, akárcsak a ponyva lekötöző szemeinek kialakítása. A merevítőcsövet meghagyták, és olyan rögzítőelemet szereltek rá, amelyen a DT golyószóró már légvédelmi feladatok ellátására is alkalmas lett.

Az SzU-76M kiemelkedő szerepet játszott Mandzsúriában is, 1945 augusztusában a japánok ellen. Az 1. Távol-Keleti Front auguszus 5-én 364, a 2. Távol-Keleti Front 122, a Transzbajkáli Front pedig 466 önjáró löveget jelentett az állományában.

A Vörös Hadsereg mellett a szovjet parancsnokság alatt harcoló lengyel erőket is ellátták SzU-76M-mel, összesen 130 önjáró löveget adtak át. Ezek egészen 1950-ig rendszerben maradtak. A lengyel csapatok némileg eltérő szervezeti előírás alapján alkalmazták a járműveket. A lengyel 4. önálló önjáró tüzérosztály például három ütegből állt, ütegenként négy-négy SzU-76M-mel, illetve egy további harcjárművel az osztályparancsnok számára.

Kisebb mennyiségben Afganisztánnak, Albániának, Kínának, Kubának, Észak-Vietnamnak, Magyarországnak és Romániának is adtak el SzU-76M-et, továbbá körülbelül 75 darab került a Koreai Népi Demokratikus Köztársaság hadseregéhez. Utóbbiak részt vettek az 1950-1953 között dúló koreai háborúban, ahol számos példány a déli erők zsákmányaként harcolt.

A GAZ 1950-ben kezdte meg a 15A ikermotor gyártását, amely két GAZ-51-es motorból és rugalmas tengelykapcsolóból állt. Ezek a motorok a GAZ-203 feljavított változatai voltak, 153 lóerős teljesítménnyel, és azokba az SzU-76M-ekbe szerelték be, amelyek gyári nagyjavításon estek át. Ugyanebben az időszakban modernizálták a karburátorokat és az elektromos generátort is.

Az SzU-76 az 1960-as évekig maradt szovjet szolgálatban, utolsó jelentősebb alkalmazásukra az 1956-os magyarországi forradalom leverésekor került sor. Összességében az SzU-76 jelentős mértékben hozzájárult a Szovjetunió győzelméhez a Nagy Honvédő Háborúban, és mind a gyalogság támogatásában, mind páncéltörő szerepkörben hatásosnak bizonyult. Az 1943-1945 közötti önjárólöveg-gyártás mintegy 25 %-át tette ki, számos példánya múzeumok kiállítási tárgyaként vagy emlékműként maradt fent.

Neil Stokes

INTRODUCTION

The SU-76 (Samokhodnaya Ustanovka: Self-Propelled Mount), designated in Cyrillic as СУ-76, was one of the most prolific Soviet self-propelled guns of the Great Patriotic War, with more than twelve thousand vehicles delivered between late 1942 and 1945. The vast majority of these saw service with the RKKA (Raboche-Krest'yanskaya Krasnaya Armiya; Workers' and Peasants' Red Army) though some were also assigned to Polish forces fighting under Soviet command.

The SU-76 arose from an initiative in March 1942 by the People's Commissariat for the Tank Industry (NKTP) to design a series of self-propelled gun mounts which were originally to include a 76.2mm self-propelled gun, several 37mm anti-aircraft vehicles and a light tank armed with a 45mm gun. Design work on the chassis was completed by the end of April, but funds were allocated to build only two prototypes – the 76.2mm self-propelled gun and a single 37mm anti-aircraft variant. These prototypes were built by Factory No.37 in Sverdlovsk and underwent successful trials in June 1942. GKO immediately ordered speedy preparation for production but with the beginning of the Battle of Stalingrad, Factory No.37 needed all its production facilities for light tanks and so the introduction of the self-propelled mounts was delayed.

The Gorky Automobile Plant was simultaneously working on its own design, the SU-71 and Factory No.38 on yet a third design, the SU-12. In the latter half of October 1942, Factory No.37's design work and UZTM's project U-31 were merged into these projects when on 19 October, GKO ordered the development of experimental production batches by 1 December.

Prototypes of the SU-12 and SU-71 underwent comparative trials in November. The SU-71 was found to be less reliable than the SU-12, particularly with regard to its engine cooling system. The evaluation committee recommended the SU-12 for production as the SU-76, and orders were issued on 2 December for production to commence.

The SU-76 was based on the lengthened and widened hull of the Light Tank T-70. An extra road wheel was added on each side. The hull was constructed of rolled homogeneous armour plate. The driver was located in the center of the forward hull, with the two engines on either side of him. A six-sided, enclosed fighting compartment at the rear housed the main armament and the other crew members. Most plates were welded together though some, such as the engine compartment roof plates, were bolted in place to facilitate access for maintenance. Armor protection varied from 35mm on the front of the fighting compartment to 7mm on the roof and belly plates. The vehicle weighed 11.2 metric tons.

The SU-76 was powered by two GAZ-202 liquid-cooled 70hp gasoline engines mounted in parallel in the forward hull on either side of the driver. Cooling air was drawn into the engine compartment by a fan on the front of each engine, through two grilles on either side of the engine compartment roof plate, passed over the engines and the radiators, and exited through two ducts and apertures in the hull sides beneath the fighting compartment. These apertures were protected by vertical metal slats and two-part blanking plates could be attached over them to retard the air flow and maintain the air temperature within the engine compartments in cold weather. The right-hand engine was also equipped with an auxiliary heater. The vehicle carried 400 litres of fuel in two tanks in the lower front corners of the fighting compartment, giving an operational range of 250km.

Each engine drove one track through separate 5-speed (4 forward, 1 reverse) GAZ-MM transmissions and front-mounted single-ring drive sprockets with 15 teeth each. Each track was 300mm wide and was carried on six rubber tired road wheels mounted on torsion bars, with a raised idler at the rear. Three all-steel return rollers supported the top run of the track. Maximum road speed was 44kph.

The SU-76 carried a crew of 4. The driver sat in an enclosed position in the forward hull between the two engines, and was provided with an overhead hatch which contained a vision periscope. The hatch could be opened for direct vision when not in combat. The other three crew members – commander, gunner and loader – sat in the enclosed fighting compartment at the rear of the vehicle. These crewmen entered and exited the fighting compartment through twin doors in the rear plate.

The SU-76 was armed with a 76.2mm ZIS-3 (Model 1942) gun of 42 calibres length, with a semi-automatic sliding wedge breech block and a twin-baffle muzzle brake. The gun was developed in 1941 by Vasily Gavrilovich Grabin's design bureau at Factory No.92. The gun was mounted in the fighting compartment at the rear of the vehicle. A hatch was present in the roof for the sighting periscope, shielded by a raised cover, and also provided ventilation. The gun could elevate from -2.5° to +25°, and could traverse 15° left or right. A well-trained crew could fire eight rounds per minute, though the buildup of gases within the fighting compartment was found to impede crew performance.

The SU-76 carried 60 rounds of ammunition for the main armament. These were a mix of armor-piercing (BR-350A, BR-350B and BR-350BSP), high explosive (F-354, F354F), fragmentation (R-350A) and high explosive fragmentation (PF-350) rounds. For specific missions, the SU-76 could also carry shrapnel (W-354G, W361), smoke (D-350) and incendiary (B-350) rounds.

The BR-350A projectile weighed 6.3kg and carried 155g of high explosive. It had a muzzle velocity of 662 m/s and could penetrate 70mm of armor at 500m.

In April 1943, the BR-354P sub-calibre round was introduced. Its projectile weighed 3.02kg. It had a muzzle velocity of 950 m/s and could penetrate 90mm of armor at 500m.

Maximum direct fire range was 4000m, though optics and terrain conditions typically limited effective range to much less than this. Maximum indirect fire range with HE ammunition was 9170m.

The SU-76 also carried two PPSh submachine guns with 1065 rounds in 15 drum magazines for crew defense. Thirty F-1 hand grenades were carried in three boxes on the starboard side of the fighting compartment. Pistol ports were present in the front, sides and rear of the fighting compartment through which the weapons could be fired.

All SU-76 vehicles were fitted with radios. The standard radio set was the 9-R, though this was later updated to the 9-RS. The radio set was mounted in the forward right hand corner of the fighting compartment, immediately in front of the commander's position. The 1m antenna was mounted on the forward right-hand corner of the fighting compartment roof.

The first 25 SU-76 vehicles were completed at Factory No.38 in Kirov the end of December 1942 and delivered to the training center for self-propelled artillery. The first two operational self-propelled artillery regiments, 1433 and 1434, were sent to the 54th Army on the Volkhov Front near Leningrad in January 1943 to assist in operations to break the blockade of Leningrad.

These units were equipped according to order 08/158 with four batteries of four SU-76 each and two batteries of four SU-122 each, plus an additional SU-76 for the regimental commander. Not long afterward however, this was superseded by order 08/191 which changed the configuration to two batteries of four SU-76 each and three batteries of four SU-122 each.

These mixed regiments created problems in terms of supply, training and repair however. In April 1943, the organization was further modified by order 010/456 to contain five batteries of four SU-76 each.

The enclosed superstructure created uncomfortable working conditions, particularly in the summer and also exacerbated the problem of propellant gasses building up within the fighting compartment. In early July 1943, NKTP issued recommendations to remove the roof of the superstructure.

Furthermore, the arrangement of the engines and drive trains and the difficulty in precisely turning the two engines led to torsional oscillations and resonant vibrations which in turn caused frequent transmission and drive shaft failures. These problems led to crews bestowing various unflattering nicknames on the SU-76 including Sucha ('bitch') or Suchka ('little bitch') among others.

Initial efforts to strengthen the drive mechanisms and dampen the vibrations were unsuccessful. Production of the SU-76 was halted on 21 March 1943 in order to examine the causes of the defects and determine effective solutions. Various references quote 170 to 230 vehicles being produced but Factory No.38's production reports a total of 530.

The problems with the SU-76 had been evident for some time however and in January 1943, Factory No.37 was ordered to manufacture 200 vehicles mounting the 76.2mm S-1 gun, based on the F-34, with 96 rounds on captured Pz.Kpfw.III chassis as an interim measure. These vehicles were known as SU-76i (СУ-76И). Production commenced in March and when it ceased in November, a total of 201 SU-76i units had been delivered – 200 series production examples plus a prototype. This total included 20 command vehicles with Pz.Kpfw.III commander's cupolas and more powerful radio equipment.

A number of interim measures to overcome the drive train issues were developed and tested in March/April 1943, but these were generally deemed unsuccessful though some sources indicate that one such vehicle, designated SU-12M, was temporarily placed into production to meet the demand for self-propelled artillery in the coming summer offensives. It is likely that the SU-12M production is included in the production total of 530 SU-76s.

A more comprehensive solution was being developed in parallel with these initiatives, using a new power plant and drive train based on that of the Light

Tank T-70M. In addition, the roof of the superstructure was removed to improve ventilation and crew space. This modified design was accepted for production as the SU-76M (СУ-76М).

The SU-76M did away with the parallel engines and drive trains, and instead coupled two updated GAZ-203 engines in tandem on a common drive shaft. Both engines were mounted along the right-hand side of the hull, to the immediate right of the driver's position, and drove the tracks through a single transmission. Cooling air was drawn into the engine compartment by a fan on the front of the foremost engine through a single grille on the right-hand side of the engine compartment roof plate, and exited through a single duct and a slatted aperture on the right-hand side of the hull beneath the fighting compartment. Up to three blanking plates could be attached over this aperture to restrict airflow and maintain operating temperatures in extremely cold weather. The plates were stored on the rear of the exhaust air duct when not in use.

Though the power output of the engines remained at 140hp, top speed was reduced to 30kph. The fuel tanks were relocated to the left-hand side of the forward hull and fuel capacity was increased to 412 litres. These measures, along with a reduction in weight from 11.2 to 10.5 metric tons, helped increase combat radius to 320km.

The new configuration of the engines and transmission resulted in a reconfiguration of the engine access hatches into a two-part hatch located on the right-hand side of the engine compartment roof plate. The twin transmission access hatches on either side of the glacis plate were eliminated in favor of a single hatch on the forward right-hand corner of the glacis plate. This single hatch distinguishes the SU-76M from the SU-76 when viewed from the front.

The SU-76M featured a redesigned, four-sided, open-topped fighting compartment with a cut-down rear plate and a shallower crew entry door. Maximum armour protection was also reduced from 35mm to 25mm. The upper rear corners of the superstructure sides were cut away to match the height of the rear plate, and grab handles were installed at each corner. The distinctively different shape of the rear superstructure was a significant distinguishing feature of the SU-76M. While this redesign improved ventilation and increased the working space for the crew, it also made for uncomfortable conditions during winter weather. SU-76Ms were issued with tarpaulins to provide some measure of shelter for the crews, and tie-downs were welded to the outside walls of the fighting compartment to secure the tarpaulin. The tarpaulin was folded and stowed on the outside left-hand wall of the fighting compartment when not in use.

Like the SU-76, All SU-76M vehicles were fitted with radios. The standard radio set was the 9-RS or the longer range 12RT. The radio set was located in the forward right hand corner of the fighting compartment. The antenna, 1m long like that of the SU-76, was mounted behind an armored housing on the forward right-hand side of the fighting compartment.

The main armament of the SU-76M was the same 76.2mm ZIS-3 (Model 1942) as fitted to the SU-76. The same 60 rounds of ammunition were carried, though experiments were conducted to increase the ammunition capacity to 90 rounds. In addition, the SU-76M carried a 7.62mm DT machine gun with 945 rounds as well as a single PPSh submachine gun and F-1 hand grenades.

The SU-76M entered production at the end of May 1943 at three factories: Factory No.38 in Kirov, Factory No.40 in Mytishchi and the Gorkovsky Automobile Plant (Gorkovsky Avtomobilny Zavod; GAZ) in Gorky. By the end of the war, a total of 11494 SU-76Ms had been delivered and the majority of these (7523) were built by GAZ. A further 2238 vehicles were delivered between the end of the war and the cessation of production in November 1945.

The SU-76M's first serious combat use was during the battles around Kursk in July 1943. From that time onward, the SU-76M served on every major battle front. One particularly notable campaign was in Belarus in 1944. When swampy terrain prevented heavier armoured vehicles from advancing with the infantry, the SU-76M was able to traverse such terrain on hastily constructed log 'bridges' and attack German forces from what were regarded as safe zones. The SU-76M was also used in urban combat including the Battle of Berlin in the spring of 1945. While its open-topped fighting compartment exposed the crew to hostile fire from above, it also allowed excellent observation and coordination with accompanying infantry.

The SU-76M equipped light self-propelled artillery regiments organized according to order 010/456, and which contained five batteries of four SU-76 each. This was changed in October 1943, when order 010/484 decreed that regiments would be organized into four batteries of five SU-76 each. 140 light self-propelled artillery regiments were in existence within the RKKA at the end of the war.

By mid-1944, the number of light self-propelled artillery regiments had grown to over 200, and this began to cause problems for command and control when massed units were employed together. It was therefore decided to create self-propelled artillery brigades by combining three regiments. These brigades were equipped with sixty SU-76Ms and five Light Tanks T-70. Seven such brigades were formed by the end of the war, and their 21 constituent regiments form part of the 140 regiments noted above.

In late 1944, the usefulness of light self-propelled artillery for infantry support led to order 04/568 under which infantry divisions were allocated their own self-propelled artillery battalions. Each such battalion was equipped with 13 SU-76Ms in three batteries of four vehicles each plus an additional vehicle for the battalion commander. This was later increased to 16 vehicles in three batteries of five plus an additional vehicle for the commander. Seventy infantry divisions were equipped in this manner by the end of the war.

Around the same time, medium and heavy self-propelled artillery brigades were being formed, equipped with the SU-100 and ISU-122/152 respectively. These units were also equipped with a reconnaissance platoon of three SU-76Ms attached to the brigade headquarters.

Toward the end of 1944, a tubular brace was added between the two grab rails at the upper rear corners of the fighting compartment. This brace appears in many photographs dated from 1945, though it does not appear in any photographs dated prior to November 1944., which was provided with a bracket to mount the 7.62mm DT machine gun.

In the summer of 1945, shortly after the war's end, the design of the SU-76M was modified slightly. The height of the fighting compartment rear plate was increased and the sloped upper edge at the rear of the fighting compartment sides was raised accordingly. The height of the crew entry door in the rear plate was increased and the grab rails were eliminated. The shape of the pistol port covers on the fighting compartment was also changed, as was the configuration of the tie-down loops. The tubular brace between the upper rear corners remained and was fitted with a bracket that allowed the 7.62mm DT machine gun to be mounted for anti-aircraft defense.

The SU-76M also played a prominent role in operations against the Japanese in Manchuria in August 1945. On 5 August, 1st Far Eastern Front reported 364 SU-76Ms on its strength, 2nd Far Eastern Front reported 122 and Transbaikal Front reported 466.

In addition to the RKKA, 130 SU-76Ms were provided to Polish units fighting under Soviet command. These vehicles remained in Polish service until the 1950s. The Polish units were apparently organized differently than RKKA units however. For example, the Polish 4th Independent Self-Propelled Artillery Battalion had three batteries of four SU-76Ms, plus an additional vehicle for the battalion commander.

Small numbers were also sold to Afghanistan, Albania, China, Cuba, North Vietnam, Hungary and Romania. Some 75 SU-76Ms were also supplied to the Democratic People's Republic of Korea and saw service in the Korean War between 1950 and 1953. Several were captured and some of these were used by South Korean forces.

In 1950, GAZ began manufacturing the twin power plant 15A which consisted of two GAZ-51 engines with a flexible coupling. These engines were upgraded versions of the GAZ-203, producing 156hp, and were fitted to SU-76Ms when they returned to the factory for overhaul. The carburetors and electrical generator were also modernized during this period.

The SU-76 soldiered on in Soviet service until the 1960s when the last vehicles were written off. The SU-76M's last notable action was during the suppression of the Hungarian uprising in 1956.

In summary, the SU-76 was a significant contributor to the Soviet Union's victory in the Great Patriotic War and was effective in both the infantry support and anti-tank roles. It accounted for approximately 25% of all self-propelled artillery production between 1943 and 1945. Numerous examples have survived to the present day in museums and monuments.

Neil Stokes

A gyári fényképen a GAZ által 1942-ben tervezett SzU-71 prototípusa látható. Bár a T-70-től örökölt, meghosszabított alvázával és a hátul elhelyezett 76,2 mm-es lövegével hasonlít ugyan az SzU-76 és SzU-76M önjáró lövegre, valójában olyan jelentős különbségek találhatóak közöttük, mint a balra eltolt vezetőtér, a nagyméretű búvónyílás a jobb oldalon és a sokkal jelentősebben megdöntött páncélzat, amely a lánctalpak fölé ért.

The factory photograph shows the SU-71 prototype developed by GAZ in 1942. While the vehicle bears a superficial resemblance to the SU-76 and SU-76M with its lengthened T-70 chassis and rear-mounted 76.2mm ZIS-3 gun, there are also significant differences such as the drivers compartment offset to the left, the large hinged hatch on the right-hand side of the glacis plate and the more extensive use of sloped armor with sponsons extending out over the tracks.

Ez a gyári fotó jól szemlélteti az SzU-76 számos jellemzőjét: a váltómű dupla zárófedelét a homlokpáncélon, a páncélteknő jobb oldalán előre helyezett kipufogót és az irányzóműszer fölötti takarólemezt a küzdőtér tetőpáncélján. Figyelemre méltó a parancsnok harcállása elötti kerek közelharcnyílás is; a későbbi SzU-76M esetében ez a nyílás már négyszögletes volt.

This factory photograph of an SU-76 shows several distinguishing characteristics of the design including the twin transmission access hatches on the glacis plate, the forward position of the exhaust air outlet on the right-hand side of the hull and the cover over the aperture for the gun sight on the roof on the fighting compartment. Note also the round pistol port in front of the commander's position; on the later SU-76M, this was replaced by a rectangular port.

RGAKFD

Gyári munkások pózolnak a személyzettel egy SzU-76 előtt, mikor az utóbbiak átvették a járművet a kirovi 38. Számú Gyárban 1942 végén. Figyeljük meg a bevágásokat a sárvédő peremén. Amikor a sárvédő felhajtható részét felhajtották, két csavarral ezekbe a vágatokba rögzítették a mozgatható részt. A háttérben álló járműnek látszik a gyári száma a felépítmény elején, bár nem lehet pontosan kiolvasni.

Factory workers pose with crew members in front of an SU-76 as they take delivery of their vehicle at Factory No.38 in Kirov at the end of 1942. Note the notches on the front edge of the fender; when the folding portion of the fender was folded back, these engaged two bolts on the top of the main fender that secured the folding portion. The factory serial number is visible, though not legible, on the front superstructure of the vehicle in the background.

Az 1433. önjáró tüzérezred egyik SzU-76-áról készült fényképen jól látható a felépítmény hátsó részének szögben zárt kialakítása, a jobb oldali közelharcnyílás és a sárvédőre rögzített tárolódoboz. A kép a Volhovi Front sávjában készült 1943 tavaszán. A páncélteknő oldalának elején, közvetlenül a kipufogó légkiömlője mellett a jobb oldali motor levegőbeömlője látható. A képen szintén jól felismerhető a T-70 megnyújtott alváza a plusz egy futógörgővel.

This side view of an SU-76 from the 1433rd Self Propelled Artillery Regiment on the Volkhov Front in the spring of 1943 reveals the angled armour plates on the rear corners of the superstructure, the pistol port on the right-hand side and the fender-mounted stowage box. The foremost bulge protrusion on the hull side is the air intake for the right-hand engine, with the exhaust air outlet immediately aft. The photograph also illustrates the lengthened T-70 chassis with the extra road wheel.

RGAKFD

Egy SzU-76 halad át egy felszabadított falun Bjelgorod közelében, a kurszki csatát követő Bjelgorod-Bogodukov hadművelet során 1943 augusztusában. A felépítmény szögben zárt hátsó széle és az előre helyezett levegőkiömlő arra utal, hogy ez egy SzU-76, bár a felépítmény tetőlemezét a jobb szellőzés érdekében eltávolították – így a személyzetnek lehetősége nyílt, hogy a képen is látható módon utazzanak a járműben.

An SU-76 passes through a liberated village near Belgorod in August 1943 as part of the Belgorod-Bogodukhov Offensive that followed the Battle of Kursk. The angled rear corners of the superstructure and the forward position of the exhaust air outlet on the hull side indicate that this vehicle is an SU-76, though the roof of the fighting compartment has been removed to improve ventilation, allowing the crew to ride in the exposed position shown in the photograph.

A Voronyezsi Front egyik SzU-76-ának személyzete a motortéren ücsörögve hajt keresztül az Orjol közelében fekvő Sztarica faluján 1943 augusztusában. Szemből nézve az SzU-76 jellegzetessége a váltómű dupla szerelőnyílása és a bal oldali kipufogó légkivezetője. Az irányzóműszer feletti védőlemez hiánya arra utal, hogy a felépítmény tetőlemezét leszerelték.

The crew of this SU-76 from the Voronezh Front ride on the engine deck of their vehicle through the village of Staritsa, near Orel, in August 1943. The two transmission access hatches on the glacis plate are distinguishing features of the SU-76 when viewed from the front, as is the presence of an exhaust air outlet on the left side of the vehicle. The absence of the gun sight cover on the roof suggests that this vehicle may also have had its fighting compartment roof removed.

RGAKFD

Ezen az 1944 tavaszán, a 38. Számú Gyárban lefényképezett SzU-76M-en jól látható a felszerelések általános elhelyezése. Az utász szerszámokat a motortérre rögzítették, a vontatókábelt a homlokpáncélra, a lövegtisztító rudakat pedig a páncélteknő bal oldalának hátsó részére. A járművön két takaró ponyva látható; az egyik a küzdőteret fedi, a másik a felépítmány bal oldalára van felmálházva. A korai változatokon három csat tartotta a feltekert ponyvát, a késeieken már csak kettő.

This SU-76M, photographed at Factory No.38 in the spring of 1944, shows the basic stowage layout. Pioneer tools are stowed on the engine deck, a tow cable on the glacis plate and gun cleaning rods on the rear left-hand side of the hull. This vehicle carries two tarpaulins; one covers the fighting compartment while the other is stowed on the left-hand side of the superstructure. Early production examples carried three brackets for the tarpaulin; this was later reduced to two.

Gettyimages

Ez az SzU-76M 1943-ban készült és a keleti fronton semmisült meg, vagy legalábbis hagyták hátra 1944 nyarán, miközben egy német védőállást támadt. Bár találat nyoma nem látható rajta, a meggörbült kapaszkodó és a löveg pozíciója azt sugallja, hogy a küzdőtérben tárolt lőszer felrobbant és kimozdította azt a helyéből. A löveget csupán 15-15 fokban lehetett kitéríteni oldalirányba a jármű középvonalától.

This SU-76M is a 1943 production example and was destroyed or at least disabled as it assaulted a German defensive system on the Eastern Front in June 1944. Though there is no visible shell impact, the bent grab rails and the position of the gun barrel suggest that the vehicle suffered an ammunition explosion in the fighting compartment that pushed the gun forward out of its mount. The gun could only traverse up to 15° either side of the vehicle's centerline.

RGAKFD

Az 1. Belorusz Front sávjában harcoló 8. önjáró tüzérdandár SzU-76M lövegei 1944 februárjának végén. A dandár jelzése – egy lövedéket a karmai között tartó ragadozómadár – jól látható a második önjáró löveg felépítményének hátulján, ahova fehérrel festették fel. A legközelebbi jármű oldalán azonban ugyanez a jelzés piros vagy fekete. A második harcjármű jelzésén további jelek láthatóak: a jel feletti kisebb jelzés a dandár 2. osztályát, az alatta látható három sáv az osztály 3. ütegét jelöli.

SU-76Ms from the 8th Self Propelled Artillery Brigade, 1st Belorussian Front, in late February 1944. The brigade's insignia, a bird of prey carrying an artillery shell, can be seen in white on the rear superstructure of the second vehicle in the photograph, but appears in red or black on the superstructure side of the foremost vehicle. The three marks beneath the insignia identify the second vehicle as being from 3rd battery, and the single mark above denotes the 2nd battalion.

A 8. önjáró tüzérdandár politikai tisztjének, N. K. Szapetov alezredesnek a látogatása a dandár egyik alegységénél 1944. február 7-én. A háttérben látható SzU-76M helyretoló szerkezetének borításán egy megerősítő „gallér" látható a lövegnél. Ezt 1943 végén kezdték alkalmazni, miután a kezelőszemélyzetek rendszeresen jelentették, hogy a visszaható erők sérülést okoznak a főfegyverzet használatakor. Megfigyelhető, hogy az indító hajtókart a váltómű szerelőnyílásának kampójában tárolták.

Political Commissar Lieutenant Colonel N.K. Sapetov of the 8th Self Propelled Artillery Brigade addresses the unit on 7 February 1944. The SU-76M in the background features a reinforcing collar around the gun barrel on the front of the recuperator cover. This feature was added in late 1943 after crews reported damage due to the recoil forces when firing the main armament. Note the engine starter crank stowed in the lifting eye for the transmission access hatch on the glacis plate.

A 8. önjáró tüzérdandár SzU-76M-jeinek kezelői parancskihírdetésre sorakoznak fel 1944 februárjában. Ezek a harcjárművek 1943-ban készültek, amint azt a felépítmény bal oldalán látható, a feltekert ponyva rögzítésére szolgáló három szíj és a helyretoló szerkezetekről még hiányzó megerősítő „gallér" tanúsítja. A kép jó rálátást nyújt a helyretoló szerkezet alján kialakított szerelőnyílásra is.

SU-76M crewmen from the 8th Self Propelled Artillery Brigade assemble in front of their vehicles to receive their mission orders in February 1944. These vehicles are 1943 production examples, as evidenced by the three straps to secure the tarpaulin to the left-hand side of the superstructure, and the absence of a reinforcing collar around the gun barrel on the front of the recuperator cover. The photo also gives a good view of the open access port on the underside of the recuperator cover.

A 8. önjáró tüzérdandár egyik SzU-76M oszlopa rövid pihenőt tart a fehéroroszországi Poleszje felé menet, 1944 február 8-án. Az összes járművet alapos téli álcázófestéssel láttál el, de az alakulat jelzése látható maradt. A kipufogók légkiömlőire - ahogy hideg időben mindig - felerősítették a takarólemezeket. Megfigyelhető, hogy az alakulatra jellemzően a legtöbb önjáró löveg jobb sárvédőjére egy-egy farönköt helyeztek, amely az árkokból való kijutást könnyíthette meg.

A column of SU-76Ms from the 8th Self Propelled Artillery Brigade halts during a march to Polesie, Belarus on 8 February 1944. All the vehicles carry heavy applications of whitewash snow camouflage with the unit insignia displayed. They have the blanking plates fitted over the exhaust air outlets as was typical when operating in cold weather. Note the unditching beams carried on the right-hand fender of each vehicle, a practice common to this unit.

A 8. önjáró tüzérdandár egyik SzU-76M önjáró lövege üzemanyagot vételez egy tartálykocsiból, úton a fehéroroszországi Poleszje felé, 1944 február 8-án. A Vörös Hadsereg legtöbb harcjárművétől eltérően az SzU-76 és az SzU-76M nem dízel üzemű volt, hanem benzin meghajtású. Az SzU-76M összesen 412 liter üzemanyagot vitt magával a vezető bal oldalán, a motorral szemben elhelyezett két tartályban. Ez a mennyiség jó minőségű úton 320 km megtételére volt elegendő, rossz utakon, illetve terepen azonban csak jóval kisebb távot tudott megtenni.

An SU-76M from the 8th Self Propelled Artillery Brigade takes on fuel from a tanker truck on the way to Polesie, Belarus on 8 February 1944. Unlike many RKKA armoured vehicles, the SU-76 and SU-76M used gasoline rather than diesel fuel. The SU-76M carried 412 litres of fuel in two tanks located on the left of the driver, opposite the engines. Operational range on good roads was 320km but this was considerably reduced when running over unprepared roads or rough terrain.

A 8. önjáró tüzérdandár egyik osztályparancsnoka jelez a járműveinek a fehéroroszországi Poleszje közelében, 1944 február 8-án. Az 1944 januárjában kiadott 010/508 utasítás alapján a dandár egy osztálya egy osztályparancsnoki T-70M könnyűharckocsival és négy ütegében 5-5 SzU-76M-mel rendelkezett. Ezen a képen jól látható a különbség az SzU-76M és elődje között – nevezetesen a meghosszabbított alváz és a plusz egy futógörgő.

A battalion commander from the 8th Self Propelled Artillery Brigade signals his vehicles near Polesie, Belarus on 8 February 1944. Under regulation 010/508 issued in January 1944, each battalion in a brigade was equipped with one T-70M Light Tank for the battalion commander, plus four batteries of five SU-76Ms each. The differences between the SU-76M and its ancestor, notably the extended chassis with an extra road wheel on each side, are evident in this photograph.

RGAKFD

A 8. önjáró tüzérdandár (1. Belorusz Front) egy másik SzU-76M önáró lövegén motorcserét hajtanak végre tábori körülmények között 1944 februárjában. Az SzU-76M-et két 70 lóerős GAZ-203 benzinmotor hajtotta, amelyek tandem elrendezésben voltak egy közös keretre csavarozva. Ezeket külön-külön, de együtt is ki- és be lehetett szerelni. Figyeljük meg a kézi indító szerkezet nyitott csatlakozását; ennek fedőlemezét egy csavar tartotta a helyén!

Another SU-76M from the 8th Self Propelled Artillery Brigade, 1st Belorussian Front, undergoes an engine change in the field in February 1944. The SU-76M was powered by two 70hp GAZ-203 gasoline engines mounted in tandem and bolted into a common frame that allowed them to be installed and removed either singly or as a pair. Note the open aperture for the engine starter crank in the lower front hull; the cover plate hangs from one retaining bolt.

A 8. önjáró tüzérdandár egyik kezelőszemélyzete lőszert málház egy SzU-76M-be 1944 febrárjában. Annak ellenére, hogy az önjáró löveg hivatalosan bemálházható lőszerkészlete 60 darab volt, egyes elbeszélések szerint előfordult, hogy különleges körülmények között akár 90 darab lőszert is elhelyeztek a harcjárműben. Az alakulatjelzés felső részén látható két vízszintes sáv a 2. osztályra, az alul látható három csúcsára állított háromszög a 3. ütegre utal.

Crewmen from the 8th Self Propelled Artillery Brigade load ammunition into their SU-76M in February 1944. Though the standard ammunition load was 60 rounds, there are anecdotal accounts of vehicles carrying up to 90 rounds under exceptional circumstances. The two horizontal bars at the top of the unit insignia indicate that this vehicle is from the 2nd battalion, while the three triangles below the insignia denote a vehicle of the third battery.

RGAKFD

Ezen a fényképen V. Sz. Kinolevszkij főhadnagy haditudósító látható, amint a 8. önjáró tüzérdandár egyik SzU-76M önjáró lövegét fotózza 1944 február 8-án. Figyeljük meg a helyretoló szerkezet alján elhelyezett nyílást, amely lehetővé tette annak karbantartását és javítását! A jobb oldalon szintén volt egy nyílás, amelyet egy rácsavarozott fedőlemez takart. A jármű sárvédőjén látható szerkezet valószínűleg egy tábori tűzhely.

This photograph shows war correspondent Senior Lieutenant V.S. Kinelovsky photographing an SU-76M of the 8th Self Propelled Artillery Brigade on 8 February 1944. Note the opening in the underside of the recuperator cover that allowed access to the recoil mechanism. Another access port on the right-hand side of the recuperator over was protected by a bolted access panel. The object on the vehicle's fender appears to be a cooking stove.

RGAKFD

SzU-76-ok oszlopa vonul rájuk ültetett gyalogsággal az ukrajnai Lvovtól nyugatra (napjainkban Lviv) 1944-ben. Az SzU-76 kis példányszámban a háború végéig szolgálatban maradt, bár 1943 közepétől fokozatosan átvette a helyét az SzU-76M változat. A fényképen jól látható a levegőbeömlő nyílás, a kipufogó, a közelharcnyílás és a tárolódoboz a jármű bal oldalán – ezek a jobb odlalon is megtalálhatóak voltak. Figyeljük meg a jármű egyetlen fényszóróját a páncéltest bal első sarkán, illetve a közvetlenül mögé helyezett kürtöt!

A column of SU-76s, loaded with infantry, advances west near Lvov (now Lviv), Ukraine, in 1944. The SU-76 remained in limited service throughout the war although it began to be replaced by the SU-76M from mid-1943 onwards. The photograph reveals the air intake and exhaust, pistol port and stowage box on the left-hand side of the vehicle, which mirrored those on the right. Note the single head lamp on the forward left-hand corner of the hull, with the vehicle's siren immediately behind it.

Az 1. Belorussz Front egyik növényzettel álcázott SzU-76M ütege a járművekre ültetett gyalogsággal felkészül az előrenyoulásra 1944 nyarán. A három harcjármű egyikén sem látható semmiféle jelzés. Figyeljük meg a különbséget az előtérben látható jármű és a két másik önjáró löveg lánctalpainak belógása között! A középső SzU-76M bal oldalára felerősítették a küzdőtér takarására szolgáló ponyvát.

A battery of SU-76Ms from the 1st Belorussian Front, camouflaged with foliage and laden with infantry, prepares to advance with infantry in the summer of 1944. No markings are visible on any of the three vehicles. Note the difference in the 'sag' on the top run of the tracks between the vehicle in the left foreground and the two vehicles in the background. The middle vehicle carries a tarpaulin, used to cover the fighting compartment in inclement weather, on the left-hand superstructure side.

RGAKFD

A Vörös Hadsereg gyalogosai SzU-76M-eken utaznak a Leningrádból a Karéliai-földszoros felé vezető országúton. Az élen haladó járművön a különlegesen hosszú antennán kívül szinte minden részlet takarásban van. Fényképek tanúsága szerint az SzU-76M-eket különböző, 1, 2 vagy 3 méteres antennával látták el, attól függően, hogy parancsnoki, vagy sima csatár változat volt-e, illetve, hogy milyen feladatot kellet végrehajtania. Figyeljük meg a szabványtól eltérően rögzített vontatókábelt!

RKKA infantry hitch a ride on SU-76Ms as they advance along the Primorsky Highway which runs from Leningrad up into the Karelian Isthmus. Many details of the leading vehicle are obscured but note the extremely long radio antenna. Different photographs show 1m, 2m and 3m antennas fitted to SU-76Ms, depending upon whether the vehicle was a regular or command vehicle and the required range for radio communications. Note also the non-standard stowage arrangement for the vehicle's tow cable.

A Leningrádi Front SzU-76M önjáró lövegei Viborgon keresztül vonulnak át 1944 júniusában a finn erők ellen a Karéliai-földszoroson végrehajtott Viborg – Petrozavodszki hadművelet során. A legelső önjáró löveg a lövegcső kimeneti nyílása körüli „gallér" hiánya alapján egy korai példány. A járműről hiányzik mindkét sárvédő első tagja és a vonószem rugós kapcsa.

SU-76Ms from the Leningrad Front move through Vyborg, northwest of Leningrad, in June 1944 during the Vyborg–Petrozavodsk Offensive against Finnish forces in the Karelian Isthmus. The foremost vehicle is an early production example as indicated by the absence of a reinforcing collar around the gun barrel aperture on the front of the recuperator housing. The vehicle is missing the folding portions of its front fenders and the spring-loaded retaining clip on the left-hand front towing shackle.

A Karéliai Front három SzU-76M-je vonul be Olonyecbe 1944 június 25-én. Figyeljük meg, hogy a két első járművön az előírtaktól eltérően vannak rögzítve a vontatókábelek! Mindhárom önjáró lövegnek farönköket erősítettek a jobb oldalára, amelyeket a járművek önmentéséhez használtak. A gerendákat fémszíjak tartják, ezeket vagy csavarokkal, vagy hegesztéssel rögzítették a sárvédőre. Bár az SzU-76M-eket gyakran ellátták ilyen gerendákkal, azok rögzítésének módjáról maguk a csapatok döntöttek, nem volt rájuk vonatkozó előírás.

Three SU-76Ms from the Karelian Front enter the town of Olonets in the Karelian Isthmus, on 25 June 1944. Note the non-standard stowage arrangement for the tow cables on the glacis plates of the leading two vehicles. All three carry unditching beams on the right-hand fenders, stowed in what appear to be strip metal hoops either welded or bolted to the tops of the fenders. While these beams were often carried by SU-76Ms, the method of their stowage was largely left to the units themselves.

RGAKFD

Szovjet gyalogság nyomul előre az 1. Ukrán Front 1448. önjáró tüzérezredének támogatásával a belorussziai Baranovicsi körzetében 1944 júniusában. Az önjáró lövegekre lombos növényzetet erősítettek, hogy némileg álcázzák őket a kifejezetten sík területen. Mindegyik jármű hátulján látható a tartalék görgők rögzítésére szolgáló elem, bár maguknak a görgőknek nyoma sincs. Ezeket egyébként tipikusan csak a háború legvége felé kezdték el alkalmazni.

Soviet infantry advance in the Baranovichi area of Belarus in June 1944, accompanied by SU-76Ms possibly from the 1448th Self Propelled Artillery Regiment, 1st Ukrainian Front. The SU-76Ms have been festooned with foliage to provide some measure of camouflage in the extremely flat terrain. Each vehicle carries a mounts for a spare road wheel on the rear hull, but the wheels themselves are absent. They were not typically fitted until very late in the war.

További SzU-76M-ek az 1448. önjáró tüzérezred állományából, amint az 1. Ukrán Front 9. Krasznodari Kozák-hadosztályának gyalogságát támogatják Baranovicsi közelében, 1944 júniusában, Belorussziában. Figyeljük meg a kétjegyű harcászati azonosítószámokat a felépítmény hátsó lemezének bal sarkán! Az egység járműveiről készült más fényképeken felfedezhetjük, hogy a számokat a helyretoló szerkezet borításának mindkét oldalára is felfestették.

More SU-76Ms from the 1448th Self Propelled Artillery Regiment, supporting infantry of the 9 Krasnodar Cossack Division as part of the 1 Ukrainian Front, advance near Baranovichi, Belarus in June 1944. Note the two-digit tactical numbers on the upper left-hand corner of the superstructure rear plate. Other photographs of these vehicles reveal that the tactical number was repeated on each side of the recuperator cover.

Az 1. Ukrán Front egyik beaznosítatlan egységének SzU-76M önjáró lövegei parancsra várnak a fenyőfák takarásában a Bagratyion hadművelet idején, 1944. július 16-án Lengyelország keleti felén. Az összes járműnek nyitva van a vezetőállása. Ez a búvónyílás kellően nagy volt ahhoz, hogy a jármű vezetője ki- és beszálljon az önjáró lövegbe, ugyanakor az ülése mögött volt egy másik ajtó is, amely közvetlenül a lövegzár alatt nyílt a küzdőtérbe.

SU-76Ms from an unidentified unit of the 1st Belorussian Front sit under cover of pine trees, awaiting the order to advance on 16 July 1944 during Operation Bagration in eastern Poland. The vehicles all have their drivers' hatches fully open. While the hatch was large enough to act as a means of access and egress, the driver was also provided with a door behind his seat, which opened into the fighting compartment beneath the main gun breech.

A Vörös Hadsereg katonái egy SzU-76M oszlop járművein utaznak Minszk felszabadításakor, 1944 júliusában. Ezek a járművek már az 1944-es gyártásból származnak – a lövegcső körül már megtalálható a megerősített „gallér" és a felépítmény oldalán két szíj tartja a takaróponyvát. Bár a hivatalos eljárás szerint a kézi indításhoz szükséges kurblit a motortéren elhelyezett tartóelemben tárolták, a legelöl haladó járművön a kurbli a váltómű takarólemezének emelőszemébe van behelyezve.

RKKA infantry ride atop a column of SU-76Ms during the liberation of Minsk in July 1944. These are 1944 production examples, with the reinforcing collar on the front of the recuperator cover around the gun barrel, and two straps securing the tarpaulin to the side of the superstructure. The foremost vehicle carries the hand starter crank in the lifting eye on the transmission access cover, rather than in a bracket on the engine deck as was the official practice.

RGAKFD

A 2. vagy a 3. Belorusz Front SzU-76M-jei szinte felismerhetetlenek a nagyszámú, rajtuk ülő gyalogos miatt. A kép Minszk utcáin készült 1944 júliusában. Csupán a váltómű egyetlen darabból álló fedőlemeze alapján lehet beazonosítani azt, hogy SzU-76M-eket látunk. A minszki hadművelet a Bagratyion hadművelet részét képezte, a várost július 2-tól 4-ig tartó háromnapos csatában foglalták vissza . Figyeljük meg, hogy mindhárom járműnek súlyosan megsérült a sárvédője, és mindegyiknek önmentő farönköket rögzítettek a bal oldalára!

These SU-76Ms from the 2nd or 3rd Belorussian Front, seen on the streets of Minsk in July 1944 are almost unidentifiable beneath a heavy load of infantrymen. Only the single transmission access cover on the glacis plate reveals them to be SU-76Ms. The Minsk Offensive was part of Operation Bagration and the city was taken in a three-day battle from 2 to 4 July. Note the heavy damage to the fenders on all three vehicles and the unditching beams stowed on the left-hand side of each.

Péter Kocsis

Ezen az 1944-es gyártású SzU-76M-en egy fenyőerdő fedezékében hajtanak végre motor karbantartást. A motortér csavarozott fedőlemezét leszerelték és a légbeömlőket felnyitották, hogy hozzáférést biztosítsanak a két GAZ-203 motorhoz. Az SzU-76M viszonylag kis súlya lehetőséget teremtett rá, hogy a személyzet tábori körülmények között, komolyabb felszerelés nélkül is végrehajthassa a jármű karbantartását.

This 1944 production SU-76M sits concealed in a pine forest, undergoing engine maintenance. The bolted maintenance cover on the engine deck has been removed and the air intake baffle folded upward and to the right in order to allow access to the two GAZ-203 engines beneath. The relatively light weight of the SU-76M allowed crews to access the engines and conduct maintenance in the field, without the need for heavy workshop equipment.

A 3. Belorusz Front 5. gárda-harckocsihadseregével együttműködő 1223. önjáró tüzérezred SzU-76M-jei bevonulnak a lengyelországi Nova Vilejkába 1944 júliusában. Szokatlan az élen haladó jármű vontatókábele, amelyről hiányzik a kábel mindkét végén megtalálható borítás. Bár az SzU-76M elsődleges feladata a gyalogsági támadások támogatása volt, a harcok szünetében a gyalogság gyakran utasként közlekedett az önjáró lövegeken, illetve a városi, beépített területeken vívott harcok alatt védte azokat a beszivárgó ellenséges csapatoktól.

SU-76Ms from the 1223rd Self Propelled Artillery Regiment, operating with 5th Guards Tank Army as part of the 3rd Belorussian Front, enter Nowa Wileyka, Poland in July 1944. The leading vehicle has an unusual tow cable that is missing the steel grommets typically seen on each end. Since SU-76Ms were primarily employed to support infantry attacks, infantry often hitched a ride when not engaged in combat or when fighting in urban areas to protect the SU-76Ms from encroaching enemy infantry.

RGAKFD

Egy beazonosítatlan alakulat SzU-76M önjáró lövege halad el egy lóvontatású hadtápalakulat mellett 1944 nyarán. Figyeljük meg a nagyszámú utászszerszámot a motortéren! A sárvédő legelején látható csavarok és szárnyas anyák rögzítették a sárvédő legelső tagját felhajtott állapotban – ezek azonban hiányoznak erről a járműről.

An SU-76M from an unknown unit makes its way past a column of horse-drawn supply wagons in the summer of 1944. Note the large number of pioneer tools carried on the engine deck. The small fittings just forward of the foremost fender support brackets are folding bolts with wing nuts, that were used to secure the forward sections of the fenders in the folded position. On this vehicle however, both folding portions are missing.

RGAKFD

Az 1. Belorusz Front SzU-76M önjáró lövege I. Plesacskova hadnagy parancsnoksága alatt füstfüggöny fedezetében nyomul előre 1944. szeptember 15-én. A kívülre helyezett felszerelések túlnyomó többsége a takaróponyvával együtt hiányzik, bár annak rögzítőszíjai még megvannak. Figyeljük meg a felépítmény bal oldali, nyitott közelharcnyílását, amelyen keresztül a személyzet mind a DT golyószórót, mind a PPS géppisztolyt használhatta!

An SU-76M of the 1st Belorussian Front, commanded by Lieutenant I. Pleshachkova, moves forward under cover of a smoke screen near the outskirts of Poland on 15 September 1944. Most of the external stowage appears to be missing from the vehicle, including the tarpaulin, though the stowage straps are still present. Note the open pistol port on the left-hand side of the superstructure, through which the vehicle's DT machine gun or PPSh sub-machine gun could be deployed.

RGAKFD

Az 1. Ukrán Front SzU-76M önjáró lövegei egy utászok által épített hídon haladnak át Ukrajnában, 1944 nyarán. Az élen haladó járműnek szokatlan a lövegrögzítő szerkezete. Bár a sárvédők első tagjai megvannak, mindkettőn igencsak sérült és roncsolódot. Figyelemre méltó a motortér jobb oldalán utazó gyalogos 14,5 mm-es PTRD vagy PTRS páncéltörő puskája.

SU-76Ms of the 1st Ukrainian Front drive across an engineer bridge in Ukraine in the summer of 1944. The leading vehicle appears to be fitted with a rather unusual travel lock for the main armament. Both front portions of the fenders are present but extremely battered. Also notable is the 14.5mm PTRD or PTRS anti-tank rifle carried by the infantryman riding on the right-hand side of the engine deck (to the left in the photograph).

RGAKFD

SzU-76M önjáró lövegek szállítják a Vörös Hadsereg katonáit a megindulási terepszakaszra 1944. szeptember 25-én, a Litvániában végrehajtott rigai hadművelet alatt. Az elöl látható jármű jobb oldali sárvédőjének első tagja felhajtott állapotban látható, a bal oldali azonban hiányzik. Figyeljük meg a kipufogócső köré tekert azbeszt szalagot, amely a járműre ültetett gyalogosokat volt hivatott védeni a forró csőtől!.

SU-76Ms carry RKKA infantry to their starting positions for an attack on 25 September 1944, as part of the Riga Offensive in Latvia. The foremost vehicle has the forward portion of its right-hand fender in the folded position, though the forward portion of the last-hand fender is missing. Note the asbestos tape wound around the exposed exhaust pipes on the right-hand side of the superstructure, to protect infantry riding on the vehicle from injury.

Ez az SzU-76M épp csak kilőtte a 76,2 mm-es lövedéket egy épületre, miközben a töltő-kezelő már készül betölteni a következő lőszert. A fénykép Varsó külvárosában, 1944 kora őszén készült. A kipufogó jobb sárvédőn lévő légkiömlőjének a tetején látható két hengeres tárgy a kipufogó hangtompítója. Figyeljük meg a felépítmény jobb oldalára szerelt, meggörbült antennát!

This SU-76M from the 3rd Independent Self Propelled Artillery Battalion has just fired its 76.2mm gun at an urban target on the outskirts of Warsaw in the early autumn of 1944, as the loader prepares to load the next round into the breech. The two cylindrical objects atop the exhaust air outlet on the rear right-hand fender are the exhaust silencers for the vehicle's twin engines. Note the bent and battered condition of the radio antenna on the right-hand superstructure side.

Imageforum AFP

Két SzU-76M hajt keresztül egy rendkívül saras vidéki településen. Figyeljük meg a nyitott ajtót a közelebbi jármű hátulján! Ezt eredetileg egy felhajtható rács takarja és a motorból kivezető légjárat alatti üres térbe nyílik. Ez túl kicsi ahhoz, hogy komolyabb felszerelést tároljanak benne, ezért valószínűleg arra szolgált, hogy megelőzze a benzingőz felgyülemlését a zárt térben.

Two SU-76Ms drive through an extremely muddy rural village. Note the open aperture on the rear hull of the nearest vehicle. This was normally covered by a hinged mesh grille and led to a small enclosed space below the exhaust air duct from the engine compartment. The space was too small to allow an significant stowage there so the opening was most likely intended to prevent a buildup of gasoline fumes In the otherwise enclosed space.

RGAKFD

SzU-76M önjáró lövegek oszlopa Riga (Lettország) utcáin 1944 októberében. A háttérben látható obeliszk a Szabadság Emlékmű, amelyet 1935-ben emeltek a Lett Függetlenségi háború (1918-1920) tiszteletére. Figyeljük meg, hogy még hiányzik a két kapaszkodó közötti összekötő rúd – ez az 1944 vége előtt gyártott járművek jellegzetessége! Mindhárom harcjárműre felfestették a kétjegyű harcászati azonosítószámot, a gyári sorozatszámok azonban nem látszódnak.

A column of SU-76Ms on the streets of Riga, Latvia in October 1944. The obelisk in the background is the Freedom Monument, erected in 1935 to commemorate the Latvian War of Independence (1918 – 1920). Note the absence of the cross member between the grab rails at the rear of the superstructure sides, which was characteristic of vehicles manufactured before the end of 1944. All three vehicles carry two-digit tactical numbers through the factory serial numbers are not evident.

RGAKFD

Újabb, gyalogosokkal teli SzU-76M Riga utcáin 1944 októberében. A 407880 gyári sorozatszám jól látható a felépítmény hátoldalának bal részén, a harcászati jelzéseket azonban eltakarják a felkapaszkodott katonák. Nyugalmuk és lazán viselt fegyvereik, illetve a „puhatestű" járművek jelenléte azt sugallja, hogy nem tartanak közvetlen harcérintkezéstől.

Another SU-76M, heavily laden with infantry, moves through the streets of Riga in October 1944. The factory serial number 407880 is visible on the left-hand side of the superstructure rear plate, but any tactical markings are obscured by the soldiers on the outside of the vehicle. The relaxed attitudes and slung weapons of the troops, plus the presence of softskin vehicles in the street, indicates that they expect no hostile action.

Az 1. Belorusz Front egyik SzU-76M önjáró lövege nyomul előre Közép-Lengyelországban, Lodz közelében 1945 januárjában. Akárcsak a mögötte haladó járművek, az első önjáró löveg is elnagyolt, sávozott téli álcázást visel, amelyet a 4BO Védő Zöld alapszínre festettek fel. Mindhárom jármű sárvédőjének hiányzik az első tagja. Tekintve, hogy az önjáró lövegeken utazó katonák egyikénél sincs fegyver, a kép midnen bizonnyal mögöttes területen készült.

An SU-76M of the 1st Belorussian Front advances near Łódź in central Poland in January 1945. Like the other vehicles following, this vehicle had been camouflaged with crudely applied white stripes over its base colour of Protective Green 4BO. All three visible vehicles are missing the forward sections of their fenders. The lack of weapons among the soldiers riding outside the vehicle indicates that this photograph was taken in a rear area.

V.P. Lobacsev hadnagy A.D. Lifanovu hadnagy, lövegparancsnok-kal egyeztet, miközben Lifanovu személyzete figyel a háttérben. A katonák az 1. Belorusz Front 1729. önjáró tüzérezredének tagjai, a kép 1945 januárjában készült. Jól megfigyelhetőek a vezető búvónyílásának belső részletei: a zárókar és a figyelőműszer. Mögöttes területeken a legtöbb személyzet nyitott búvónyílásokkal közlekedett a jobb kilátás és szellőzés miatt.

Lieutenant V.P. Lobachev consults with vehicle commander Lieutenant A.D. Lifanovu as Lifanovu's crew looks on from their SU-76M of the 1729th Self Propelled Artillery Regiment, 1st Belorussian Front in January 1945. The photograph reveals the interior of the driver's hatch with its locking handle and vision block. In rear areas, most crewmen drove with the hatch in the open position for improved visibility and ventilation.

RGAKFD

RGAKFD

SzU-76M önjáró lövegek haladnák át a lengyelországi Cesztocsova utcáin 1945 februárjában. A legközelebbi járművön jól kiolvasható a 410205 gyári sorozatszám és a pirossal vagy feketével felfestett „12"-es harcászati azonosítószám. Figyeljük meg a jármű bal oldalára szíjazott önmentő gerendát. Ezek igen elterjedtek voltak, bár rögzítésük a járműre nem volt előírva, így számos eltérő megoldással találkozhatunk.

SU-76Ms move through the streets of Częstochowa, Poland, in February 1945. The vehicle nearest the camera carries the factory serial number 410205 in white and a two-digit tactical number 12 in either red or black. Note the unditching beam strapped to the left-hand side of the superstructure. These beams were frequently carried but the means of their stowage was largely left up to individual units, so there were numerous variations.

RGAKFD

Még egy SzU-76M önjáró löveg halad keresztül Cesztocsován, ezúttal a 410189 gyári sorozatszámú. Figyeljük meg a nyitott küzdőteret és az az alacsony hátfalat, amely az időjárásnak és az ellenséges tűznek is kitette a személyzet tagjait! Utóbbi különösen a beépített területeken jelentett veszélyt, ahol az ellenség házak emeleteiről, magasabb állásokból is támadhatta a harcjárművet. A nyitott küzdőtér ugyanakkor kiváló kilátást biztosított a személyzet számára, ezért közülük sokan ezt pozitívumként értékelték.

Another SU-76M with factory serial number 410189 moves through Częstochowa, Poland. Note the open top of the fighting compartment and the low rear of the superstructure, which exposed the crew to the elements as well as to hostile fire, particularly in urban environments where enemy infantry could fire from buildings above. The open top also provided excellent visibility in such environments however, and was regarded by many SU-76M crews as a positive attribute.

A 2. Belorusz Front SzU-76M önjáró lövege Kelet-Poroszországban, 1945 elején. Figyeljük meg a két kapaszkodó közötti összekötő rudat! A legtöbb SzU-76M-hez hasonlóan ezen a járművön is jól látható a gyári sorozatszám (410200) a hátlemez bal felső részén, illetve az „A-515" harcászati azonosítószám a hátsó ajtón. Úgy tűnik, hogy a hátlemez jobb alsó sarkában elhelyezett hálót ezúttal kicserélte, vagy pótolta a személyzet (talán egy kartonlappal).

An SU-76M of the 2nd Belorussian Front in East Prussia in early 1945. Note the cross-member across the rear of the fighting compartment between the two grab rails. Like many SU-76Ms, this vehicle displays its serial number 410200 on the upper left corner of the rear plate, along with a tactical number A-515 on the crew access door. Note that the mesh grille covering the access to the void space beneath the exhaust air outlet has been replaced by what appears to be a paper cover.

RGAKFD

Ugyanaz az SzU-76M egy másik szögből fényképezve. A két előtte haladó járművel összehasonlítva a 410200-on azonnal észrevehető a rács helyett odaillesztett papírlap. A képen látható összes jármű kipufogóján fent van a három-három takarólemez. Ezek lecsökkentették a kiáramló levegőt és segítettek fenntartani a motor üzemi hőmérsékletét hideg időben.

This photograph shows the same SU-76M from a different angle. The contrast between the paper cover over the void space aperture on 410200 and the conventional mesh grilles on the two vehicles in front of It is immediately evident. All the vehicles have the three blanking plates fitted over the exhaust air outlets. These restricted the amount of air exiting the engine compartment and helped increase the operating temperature for the engines in cold weather.

Egy beazonosítatlan alakulat harcjármű személyzetei sorakoznak eligazításra a következő bevetés előtt. Figyeljük meg az eltérő egyenruhákat és fejvédőket; egyes katonák zubbonyban, mások nagykabátban állnak a sorban! Legtöbbjük a bőrből készült, beépített kommunikációs rendszerrel ellátott fejvédőt viseli, bár a harmadik sor első tagja civil fejfedőben van.

SU-76M crewmen from an unknown unit assemble for a mission briefing prior to going into action. Note the variety in uniforms and headgear, with some in tunics and trousers, others with overcoats. Many but not all wear leather tank crew helmets with built-in intercom equipment. The second crewman from the left even wears a civilian worker's cap.

RGAKFD

A 2. Belorusz Front három, minden különösebb felszerelés nélküli SzU-76M önjáró lövege hajt keresztül egy pomerániai falun 1945 februárjában egy viszonylag érdektelennek tűnő tehén és pár ló előtt parádézva. Úgy tűnik, mindhárom járműnek átfestették a 4BO Védő Zöld alapszínét téli álcázó festéssel, amely azonban az élen haladó járműről annyira lekopott már, hogy alig észlelhető.

Three lightly stowed SU-76Ms from the 2nd Belorussian Front drive through a Pomeranian village at the end of February 1945, parading before a relatively uninterested audience of one cow and several horses. All three vehicles carry what appears to be a whitewash snow camouflage over the base colour of Protective Green 4BO, with that on the leading vehicle being so worn that barely any of the whitewash remains visible.

Strategia KM

Ezen a képen, amely a 123. lövészhadosztály katonáit támogató SzU-76M-et látunk a Leningrádi Fronton 1944 tavaszán, jól látható a küzdőtér. A parancsnok felméri a terepet, miközben az irányzó az irányzóműszeren át céloz a löveggel, a töltőkezelő pedig betölti az UOF-354M repeszlőszert a lövegbe. Figyeljük meg a lövegzár viseletes állapotát és a 7.62 mm-es DT golyószóró rakaszainak helyén tárolt vizes kulacsokat!

This photograph of an SU-76M supporting troops of the 123rd Rifle Division on the Leningrad Front in the spring of 1944 shows the fighting compartment interior. The commander surveys the terrain ahead, while the gunner looks through the periscopic gun sight and the loader inserts what appears to be a UOF-354M fragmentationround into the breech of the gun. Note the worn finish on the breech block and the water canteens stowerd in the ammunition holders for the 7.62mm DT machine gun.

Egy ütegnyi téli álcázású SzU-76M halad át egy hóborította mezőn. A legközelebbi járművön a ponyva fel van göngyölve az oldalfalra, de úgy, hogy bármikor könnyedén ki lehessen bontani és fel lehessen helyezni a küzdőtér fölé. Figyeljük meg a kopottas téli álcázófestést, amelyet vízbázisú festékkel készítettek, amit könnyebb volt eltávolítani a tavasz beköszöntével!

A battery of winter camouflaged SU-76Ms moves across a snow-covered field. The nearest vehicle carries its tarpaulin rolled to the side and stowed against the left-hand wall of the superstructure, but in a position from which it can be easily pulled back into place over the fighting compartment. Note the extensive wear on the winter camouflage, which was applied with water based paint so that it could be removed easily in the spring.

Egy járműparancsnok a harcállásában, egy SzU-76M küzdőterében. A fényképen jól látható a felépítmény jobb oldalfalára rögzített doboz, amelybe a rádiót szerelték. Figyeljük meg, hogy maga a rádiókészülék kicsit ferdén van beépítve, hogy kövesse az oldalpáncél dőlésszögét! A kép felső részén a parancsnok periszkópja és figyelőműszere, illetve a rádió felett a belső kommunikációs rendszer és a belső világítás látható.

A vehicle commander works at his position inside the fighting compartment of his SU-76M. The photograph provides a good view of the radio set inside its protective box mounted on the right-hand wall of the superstructure. Note how the radio itself is mounted at an angle inside the box, in order to counter the angle of the superstructure side. The commander's episcope and gimballed periscope are visible at the top of the picture, as are the intercom box and interior light above the radio.

Ezen a fényképen bepillantást nyerhetünk a harcjármű vezetőjének harcállásába és megfigyelhetjük a búvónyílás fedelébe épített figyelőműszerét és a nyílás záró- és nyítiószerkezetét. A vezetők - amennyiben nem harcfeladatot hajtottak végre - nyitott búvónyílással vezették a harcjárművet, mivel a figyelőműszerek csak korlátozott kilátást biztosítottak és a motorok, illetve az üzemanyagtartályok közelsége miatt zárt búvónyílásnál a benzingőz is könnyebben felgyülemlett.

This photograph gives a glimpse of the driver's position including his vision periscope mounted in the hatch cover and the operating lever that assisted the driver in opening and closing the hatch cover. Drivers frequently drove with the hatch open when not in combat conditions, since the periscope provided only limited visibility. The proximity of the driver to the engines and fuel tanks would also have caused fumes to build up in the driver's compartment with the hatch closed.

A 4. Ukrán Front egyik SzU-76M oszlopa vonul állásba egy ismeretlen helyszínen. Az első három járműnek egymástól eltérő mértékben van nyitva a vezetőnyílása; a csuklós mechanizmus több pozíciót tett lehetővé. Az első lövegnek alig van nyitva a búvónyílása, inkább csak a szellőzés, mint a jobb kilátás miatt. Figyeljük meg az ütött-kopott fém sárvédőt és az előírástól eltérően tárolt ponyvát!

A column of SU-76Ms from the 4th Ukrainian Front moves into position at an unknown location. The three leading vehicles have their driver's hatches open to varying angles; the hinge mechanism permitted a number of positions. The foremost vehicle has the hatch barely cracked open, presumably for ventilation rather than visibility. Note the battered appearance of the sheet metal fender and the non-standard stowage for the vehicle's tarpaulin.

Gyalogosokat szállító SzU-76M-ek oszlopa áll egy polgári autó roncsa mellett egy német városban 1944-1945 telén. A két első járművön valószínűleg csak lerakódott friss nedves hó látható, nem tényleges téli álcázófestés. A kép jobb szélén egy BA-64B páncélgépkocsi áll, amely többnyire az előrenyomuló egységek előtt hajtott végre felderítést.

A column of SU-76Ms, heavily laden with infantry, halts in a German town beside a wrecked civilian car in snowy conditions during the winter of 1944/45. The white colour visible on the glacis plates of the two foremost vehicles appears to be a buildup of wet snow rather than actual snow camouflage. The vehicle on the right in the photograph is a BA-64B light armoured car, frequently used for scouting ahead of advancing units.

RGAKFD

Az 1. Belorusz Front SzU-76M önjáró lövegei felsorakoznak az előrenyomulás megkezdése előtt. A járműveken gondosan felvitt téli álcafestés látható, amely valószínűleg nemrégiben készült el – a kép készültekor rendkívül hideg lehetett, amely megfagyasztotta a talajt, így sem a futómű, sem a páncélteknő alja nem lett sáros. A küzdőterek nincsnek leponyvázva, ami arra utal, hogy az alakulat hamarosan megkezdi a bevetést.

SU-76Ms from the 1st Belorussian Front form up prior to an advance in early 1945. The vehicles have been liberally daubed with whitewash snow camouflage which appears freshly applied since it is not yet covered by dirt even on the lower hulls and running gear. This lack of dirt suggests that the weather was extremely cold when the photograph was taken and the ground was frozen. The vehicles do not carry tarpaulins over the fighting compartments, suggesting that action was imminent.

RGAKFD

A 2. Belorusz Front gyalogosai SzU-76M önjáró lövegek támogatásával nyomulnak előre a Balti-tenger közelében 1945 elején. Az SzU-76M elsődleges feladata a gyalogság támogatása, illetve bunkerek, megerődített állások megsemmisítése volt. A jármű 76,2 mm-es lövege ugyan alkalmas volt az ellenséges páncélozott járművek megsemmisítésére, vékony páncélzata miatt azonban érdemes volt ezeket a kockázatos feladatokat a jobban páncélozott harcjárművekre hagynia.

RKKA infantry from the 2nd Belorussian Front advance, accompanied by SU-76Ms, at an unknown location near the shore of the Baltic Sea in early 1945. The SU-76M's primary combat role was to support infantry, engaging bunkers and other defensive strongpoints as they were encountered. While the 76.2mm gun was capable of defeating enemy armoured vehicles, the SU-76M's light armour meant that such engagements were very risky and best left to more heavily armoured vehicles.

RGAKFD

Egy SzU-76M üteg halad előre egy hóborította fenyőcserjésen keresztül Kelet-Poroszországban, 1945 elején. A takaróponyvákat a küzdőtér frontlemezének szélére hajtották, hogy a menet végrehajtásának végeztével, vagy az időjárás rosszabbra fordulása esetén könnyedén a küzdőtér fölé húzhassák. Az élen haladó SzU-76M homlokpáncélján két vontatókábel látható, amelyeket egymásba fonva rögzítettek.

A battery of SU-76Ms advances through a snow-covered scrub pine forest in East Prussia in early 1945. The vehicles carry their tarpaulins rolled forward along the front edge of the fighting compartment, ready for easy deployment at the end of the march or in the event of inclement weather. The leading SU-76M carries two tow cables on the glacis plate, wound around one another and secured to their stowage clamps.

Egy fenyvesben kilőtt SzU-76M Kelet-Poroszországban, 1945 tavaszának elején. A járműnek valószínűleg kigyulladt a motorja. Az ebből következő robbanás levetette a motortér fedelét és a légbeömlőt, láthatóvá téve a motorokat. A légbeömlő fejjel lefelé hever a sárvédő alatt. Figyeljük meg a helyretoló szerkezet borításának jobb oldali szerelőnyílását, amely hozzáférést engedett a szerkezet belő részéhez!

A knocked-out SU-76M lies among pine trees in East Prussia in the early spring of 1945. This vehicle appears to have suffered an engine fire and explosion that has blown the engine access hatch and cooling air inlet baffle off the vehicle, exposing the engines themselves. The baffle lies upside down beside the fender. Note also the bolted maintenance access plate on the right-hand side of the recuperator cover, which allowed access to the recoil mechanism.

A Vörös Hadsereg 1. Ukrán Frontjának gyalogosai utaznak egy SzU-76M-en Lengyelországban, 1945 februárjában. Az önjáró lövegen felfedezhetők a téli álcázófestés nyomai, illetve a 2 méteres antenna, amely alapján ez egy parancsnoki jármű. A páncéltest jobb oldalán a légkiömlőre a háromból csak kettő takarólemez van felhelyezve. Ezeket külön-külön lehetett rögzíteni a megfelelő üzemi hőmérséklet szinten tartásának érdekében.

A group of RKKA infantrymen ride atop an SU-76M of the 1st Ukrainian Front in Poland, February 1945. The vehicle carries the remnants of whitewash snow camouflage and the 2m radio antenna suggests that it is a command vehicle. The vehicle carries two of the three blanking plates over the exhaust air outlet on the right-hand side of the hull. These could be fitted individually to help regulate the air flow and hence maintain optimal engine operating temperatures in cold weather.

A 2. Belorusz Front egyik SzU-76M önjáró lövege gyalogságot szállít egy pomerániai város utcáin 1945 februárjában vagy márciusában. Figyeljük meg a Maxim nehézgéppuskát a motortér tetején. A páncélteknő alsó homloklemezén látható rombusz alakú lemez a motorok kézi indítónyílása. Az SzU-76M-et egy kétéltű Ford GPA könnyű tehergépkocsi és egy utánpótlást szállító 2,5 tonnás Studebaker tehergépkocsi követi, mindkét típus a Lend-Lease szerződés alapján került a Vörös Hadsereg állományába.

Another SU-76M from the 2nd Belorussian Front carries RKKA infantry through the streets of a Pomeranian town in February/March 1945. Note the 7.62mm Maxim M.1910 heavy machine gun carried on the engine deck. The small rhombus-shaped plate on the lower front hull covers the aperture for the engines' hand-starter crank. A Ford GPA amphibious light truck and a Studebaker 2.5-ton truck, supplied to the RKKA under Lend-Lease, follow the SU-76M.

RGAKFD

A 2. Belorusz Front SzU-76M önjáró lövegei vonulnak át egy pomerániai városon 1945. március 10-én. Ezek 1944-es gyártású járművek, mivel még nincs rájuk erősítve az 1944 végétől alkalmazott összekötő rúd a két kapaszkodó között. Szintén hiányzik a páncélteknő hátuljáról a tartalék futógörgő, amit csak a háború legvége előtt kezdtek el felszerelni a járművekre (érdekes, hogy ezek tartói azonban már jóval előbb megjelentek az SzU-76M-eken).

SU-76Ms from the 2nd Belorussian Front advance through a town in Pomerania on 10 March 1945. These vehicles are 1944 production examples and lack the cross member between the grab rails on the upper rear superstructure sides, which was added at the end of that year. They also lack a spare road wheel on the rear of the hull, which only began to appear shortly before the end of the war in Europe, though the mount for the spare wheel appeared considerably earlier.

A személyzet egyik tagja egy UBR-354A páncéltörő lőszert málház be a hátsó ajtón keresztül a küzdőtérbe. Az UBR-354A összsúlya 9,12 kg volt, ebből a BR350A lövedék - amely 662 m/s csőtorkolati sebességgel hagyta el a löveget - 6,3 kg-t nyomott. Páncélátütő képessége 500 méteren 70 mm volt. Az SzU-76M-be 60 darab lőszert lehetett bemálházni – 24 darabot a küzdőtér hátuljában elhelyezett nyitott tárolókba, 7 darabot a lövegzár alatt, a maradék 29 darabot az irányzó előtti zárt tárolókban.

Crewmen manhandle a UBR-354A armour-piercing round through the crew access door in the rear superstructure of an SU-76M. The UBR-354A weighed 9.12kg and fired a BR-350A projectile weighing 6.3kg at a muzzle velocity of 662 m/s. The round could penetrate 70mm of armour at 500m. The SU-76M carried 60 rounds, with 24 rounds in open ready racks in the rear of the fighting compartment, 7 rounds beneath the gun breech and the remaining 29 in an enclosed locker in front of the gunner's position.

Egy téli álcázású SzU-76M halad el egy égő épület előtt Kelet-Poroszországban 1945 elején. A járművön a fehér festék mellett friss nedves hó is látható. Figyeljük meg, hogy a löveg csövének álcázását még egy fehér lepedővel is kiegészítették! A jobb oldali sárvédőnek a légbeömlő előtt egy teljes szakasza hiányzik – az ilyen sérült részeket a személyzet egyszerűen levágta és nem minden esetben pótolta.

A winter camouflaged SU-76M moves past a burning building in an East Prussian town in early 1945. Apart from its white camouflage paint, the vehicle carries a liberal coating of wet snow. Note the white sheet tied to the gun barrel for additional camouflage. An entire section of the right-hand fender, forward of the engine air intake, has been torn away. Damaged components such as fenders were often simply cut away and the crew made do without them.

RGAKFD

A 2. Ukrán Front egyik SzU-76M önjáró lövege támogatja a gyalogság előrenyomulását egy magyarországi faluban 1945. március 17-én. A fénykép rendkívül jó rálátást enged a bal oldali sárvédőre szerelt két tárolódobozra és a sárvédőket tartó hajlított fémlemezekre. Ezek a járművek 1945-ös gyártásúak, mivel már rájuk van erősítve az összekötő rúd a két kapaszkodó között.

SU-76Ms of the 2nd Ukrainian Front support an infantry advance through a rural village in Hungary on 17 March 1945. The photograph provides a good view of the two stowage boxes mounted on the rear left-hand fender of the SU-76M, and the fender support brackets formed from bent lengths of strip steel. These vehicles are 1945 production examples, as evidenced by the presence of the cross member between the grab rails on the upper rear corners of the superstructure.

Az 1. Ukrán Front 1238. önjáró tüzérezredének két SzU-76M önjáró lövege a lengyelországi Nisa városában, 1945 márciusában. Ez az egység négyjegyű számokat alkalmazott a járművein. Figyeljük meg a leszakadozott azbeszt burkolatot az iker kipufogón és a parancsnok nyitott kitekintőnyílását a felépítmény elején! Akárcsak a közelharcnyílásokat, ezt a nyílást is belülről lehetett egy kar segítségével működtetni.

Two SU-76Ms from the 1238th Self Propelled Artillery Regiment, 1st Ukrainian Front, drive through the town of Neisse, Poland in March 1945. This unit used four-digit tactical numbers on its vehicles. Note the asbestos tape lagging on the twin exhaust pipes, and the open commander's vision port on the front of the superstructure. Like the pistol ports on the superstructure sides, this port could be closed and secured using a handle inside the fighting compartment.

Az 1. Balti Front egyik SzU-76M ütege vonul a Kelet-Poroszországi Königsberg (napjainkban Kalinyingrád) körzetében 1945 márciusában. Ezeken a járműveken a felépítmény elejére göngyölték a küzdőtér takaróponyváját. Figyeljük meg az utász szerszámokat és a tartalék lánctagokat a motortér tetején! A gyártás során több eltérő módon helyezték el a felszereléseket az SzU-76M-eken.

A battery of SU-76Ms from the 1st Baltic Front advances in the Konigsberg area, East Prussia in March 1945. These vehicles display yet another method of stowing the tarpaulin for easy deployment, by rolling it forward to the front edge of the fighting compartment. Note the pioneer tools and spare track links stowed on the engine deck. There were several different stowage configurations during the production life of the SU-76M.

RGAKFD

Egy alig felmálházott, 408418 gyári sorozatszámú, illetve „04”-es harcászati azonosítószámú SzU-76M nagy sebességgel vesz be egy kanyart egy német városban 1945 elején. Figyeljük meg, ahogy a jobb oldali lánctalp felső része feszessé válik, miközben a meghajtókerék és az első futógörgő között lazábban fut, ugyanakkor a bal oldali lánctalp nem mozdul fordulás közben!

A lightly stowed SU-76M bearing the factory serial number 408418 and the two-digit tactical number 04 takes a corner at speed in a German town in early 1945. Note the way that the moving right-hand track has eliminated the ‘sag’ across the top run of the track, though there is slack between the drive sprocket and the foremost road wheel. The left-hand track is stationary to assist the vehicle in cornering.

Strategia KM

Két SzU-76M halad el egy kisváros poros utcáján 1945 elején. Bár az önjáró löveg legnagyobb sebessége úton 30 km/ó volt, rossz minőségű úton ezt 15-20 km/ó-ra, nehéz talajon 10 km/ó-ra korlátozták. Ennél gyorsabb menet károsíthatta a lánctalpakat, a futóművet és a felfüggesztést, nem is beszélve arról, hogy a személyzetre, vagy a járművön utazó gyalogosokra nézve is balesetveszélyes volt.

Two SU-76Ms proceed along a dirt road through a small town in early 1945. Though the SU-76M could achieve a top speed of up to 30kph on well-paved roads, this was reduced to 15-20kph on dirt roads and could be as low as 10kph when operating over rough terrain. Faster movement risked damage to the tracks, running gear and suspension, not to mention the risk of injury to the crew or to infantry riding on the vehicle.

Imageforum AFP

A 2. Belorusz Front két SzU-76M önjáró lövege – valószínűleg a 2. csapásmérő hadsereg 1811. önjáró tüzérezredének kötelékében – halad át Danzig (napjainkban Gdanszk) egyik utcáján 1945 márciusának végén. A két járművön alig látható külső felszerelés és kísérő gyalogságnak sincs nyoma, így a kép valószínűleg már azután készült, hogy a várost 1945 március 30-án végleg megtisztították a németektől.

Two SU-76Ms belonging to the 2nd Belorussian Front, possibly from the 1811st Self Propelled Artillery Regiment in 2nd Shock Army, move through a street in Danzig (now Gdansk), Poland at the end of March 1945. Both vehicles are quite lightly stowed and lack accompanying infantry, suggesting this photograph was taken during consolidation operations after the city was finally cleared of German defenders on 30 March 1945.

RGAKFD

Ez a két SzU-76M a 3. Ukrán Front kötelékében harcolt 1945 tavaszán Ausztriában. A járművek helyzete lehetővé teszi, hogy megfigyeljük a különbséget a jobb, illetve bal oldal felszereltségében. Az első jármű kézi indító kurbliját a váltómű fedelének emelőgyűrűjébe akasztották, a teknő jobb oldalán, közvetlenül az első visszafutó görgő mögött pedig hiányzik a szerelőnyílás fedele.

These two SU-76M served with the 3rd Ukrainian Front in Austria in the spring of 1945. The angles of the vehicles illustrate the differences between the left-hand and right-hand sides of the vehicle in terms of configuration and stowage. Note the starter crank stowed in the lifting ring on the transmission access plate, and the missing access plate on the lower hull side, visible immediately aft of the leading return roller.

A 9. gárdahadsereg 1513. önjáró tüzérezredének SzU-76M önjáró lövegei átlépik a magyar-osztrák határt 1945. április elején. Az egységet az alakulat parancsnoka, J. Sz. Sonyicsev alezredes vezeti. A képen jól látható az irányzó figyelőműszere és maga az irányzóműszer, de a parancsnok figyelőműszerét, ami eredetileg a jobb oldali háromszögletű lemez mögé volt beépítve, kiszerelték. Figyeljük meg a téli álcázófestés maradványait a lövegpajzson, a felépítményen és a helyretoló szerkezeten!

SU-76Ms of the 1513th Self Propelled Artillery Regiment, 9th Guards Army, led by the unit commander Lieutenant Colonel Y.S. Shonichev, enter Austria at the beginning of April 1945. The photograph provides a close view of the gunner's vision episcope and the top of the gun sight, though the commander's periscope, normally mounted under the triangular plate at the left of the photograph, has been removed. Note the remnants of whitewash on the gun shield, superstructure and recuperator housing.

RGAKFD

A képen Sonyicsev alezrdes tiszteleg, amint 1513. önjáró tüzérezredének SzU-76M önjáró lövege áthalad az osztrák határon 1945 áprilisának elején. A motortér légkiömlőjének három takarólemeze a kiömlő hátsó részén van elhelyezve. A járműről hiányzik a jobb hátsó sárvédő elem, ami miatt a takarólemezeket beborítja a felcsapó sár.

Lieutenant Colonel Shonichev salutes as his SU-76M from the 1513th Self Propelled Artillery Regiment, 3rd Ukrainian Front crosses the border into Austria at the beginning of April 1945. The vehicle carries the three blanking plates for the engine compartment exhaust air outlet in their stowed position on the rear of the outlet box. The vehicle is missing the rear portion of its right-hand fender, which has allowed mud to spray up and coat the stowed blanking plates.

Ezen a képen Sonyicsev alezredes önjáró lövegének hátulját látjuk, amint belép Ausztria területére. Figyeljük meg a sárvédőre rágyűrődött tárolódobozokat! Ezek fémlemezből készültek, ezért roppant könnyen sérültek. A többi egységhez hasonlóan az 1513. önjáró tüzérezred katonái is saját megoldást találtak az önmentő gerendák rögzítésére: a rönk egyik végét a ponyva tárolására szolgáló rögzítőgyűrűhöz kötözték, míg a másik végét valószínűleg odadrótozták a sárvédő tartóelemléhez.

This photograph shows the rear of Lieutenant Colonel Shonichev's vehicle as it enters a Austria. Note the heavy damage to the fender stowage boxes; these were made of sheet metal and were easily damaged. Like many units, the 1513th used improvised methods to stow unditching beams to its vehicles. In this case, the rear end of the beam is lashed to one of the tie-downs normally used to stow the tarpaulin, while the front end is presumably strapped or wired to the fender bracket.

Imageforum AFP

Egy SzU-76M szemben egy épülettel 1945 tavaszán. A ház oldalán olvasható felirat ausztriai helységet, minden bizonnyal Bécset valószínűsíti, ami alapján a kép készítésének dátuma 1945 áprilisa lehet. A személyzet nyugalma alapján szinte biztos, hogy a fénykép készítésekor nem használták a löveget, illetve nem számítottak ellenséges tűzre. Ez az önjáró löveg 1944-es gártású, mivel még nem rendelkezik a két kapaszkodó közötti összekötő rúddal, s bár a tartalék görgő rögzítési pontja már ott van a hátfalon, maga a görgő még nincs felszerelve.

An SU-76M faces a building in the spring of 1945. The sign on the building suggests the location is in Austria, possibly Vienna, which would put the date in April 1945. The relaxed attitude of the crewmen suggests that they were not firing on the building at the time the photograph was taken, or at least not expecting return fire. The SU-76M is a 1944 production example without the cross member between the grab rails, and carries the spare road wheel mounting point but not the wheel itself.

Author's Collection

Ez az SzU-76M Berlin egyik romos utcáján áll 1945 áprilisában. A fénykép beállításának köszönhetően kiválóan látható az acél vontatókábel hurokját összefogó négy záróelem és az üres bal oldali vontatókábel rögzítő. Figyeljük meg a parancsnok félig nyitott kitekintőnyílását és a helyretoló szerkezet borításán a szerelőnyílás csavarozott fedőlemezét!

This SU-76M sits in a rubble-strewn Berlin street in April 1945. The angle of the photograph provides an excellent view of the four clamps used to fasten the looped end of the steel tow cable, and of the empty retaining clamp for the tow cable on the left-hand side of the glacis. Note also the half-open commander's vision port on the front of the superstructure, and the bolted access plate on the right-hand side of the recuperator cover.

Strategia KM

Az 1. Belorusz Front A. R. Lopaka gárda-hadnagy SzU-76M önjáró lövege újratöltés közben a németországi Brandenburg tartományban 1945 áprilisában. A fényképen hangsúlyosan láthatjuk, mennyire zsúfolt volt a küzdőtér a három kezelő számára. Figyeljük meg az azonnali használatra kész PPS géppisztolyt a küzdőtér bal hátsó sarkában! A fegyvert előírás szerint a számára készített, a küzdőtér jobb oldalfalára szerelt rögzítőállványban kellett tartani.

An SU-76M from the 1st Belorussian Front, commanded by Guards Lieutenant A.R. Lopaka, reloads in Brandenburg Province, Germany in April 1945. The photograph emphasizes the cramped conditions for three men in the fighting compartment of the SU-76M. Note the PPSh submachine gun in the rear left-hand corner of the fighting compartment, ready for immediate use. The weapon was normally stowed in brackets on the right-hand wall of the fighting compartment.

Péter Kocsis

Egy beazonosítatlan alakulat SzU-76M önjáró lövege Berlin egyik romos utcáján 1945. május 2-án. Ez a példány 1944 végén készült. Figyeljük meg a futógörgők gumírozásának sérüléseit, amik vagy nagyon köves talajon, vagy a romokon való áthaladás idézett elő! A gumifelületeken jól kivehető az öntési sorja – leginkább a szokatlan módon a homlokpáncélra helyezett tartalék görgőn.

This SU-76M from an unknown unit sits in a rubble-strewn street in Berlin on 2 May 1945. The vehicle is a late 1944 production example. Note the damage to the edges of the rubber tires on the road wheels from operating over rocky terrain or rubble in urban areas. There is a visible seam along the center of each tire, most evident on the road wheel stowed, unusually, on the glacis plate.

Author's Collection

Az előző oldalon látható önjáró löveg egy másik szögből fotózva. A képen jól kivehető a tárolódobozok két-két retesze és egy-egy, középen elhelyezett zárja, amelyek a helyükön tartották a fedőlemezeket.

This photograph provides another view of the same vehicle as that on the previous page. The angle in this photograph gives us a good view of the two latches and single central locking hasp that secured the lid on each of the fender stowage boxes.

Egy SzU-76M üteg vonul át egy város törmelékkel borított utcáján 1945 tavaszán. A képen jól látható a GAZ 203 ikermotor kipufogórendszere. Az első motor kipufogóját a motortér tetőlemezén, a hátsó motorét a felépítmény oldalán vezették ki, és mindkettő a kipufogó légkiömlő tetejére szerelt hangtompítóba futott bele. A páncélozatlan csöveket azbeszt szalaggal tekerték körbe, hogy védjék a személyzetet és a járművön utazó gyalogosokat az égési sérülésektől – az első járműről azonban ennek a bevonatnak egy része hiányzik.

A battery of SU-76Ms moves through rubble strewn streets in the spring of 1945. The photograph shows the exhaust system for the twin GAZ 203 engines. The exhaust for the front engine emerged through the engine deck, and that for the rear engine emerged through the hull side. Both pipes led to twin silencers mounted atop the exhaust air outlet. The unarmored pipes were lagged with asbestos tape to avoid burning crewmen or infantry, but the lagging is partially missing on the lead vehicle.

Ez a kilőtt SzU-76M magára hagyva hever egy romos német városban 1945 tavaszán. Egy belső robbanás elrepítette a helyretoló szerkezet borításának felső frontlemezét, úgy tűnik, a jármű teljesen kiégett, ami miatt a futómű hidraulikafolyadéka elégett és a jármű teljesen „leült". Emiatt a láncfeszítőkerék, ami üzemképes állapotban magasabban helyezkedik el, itt egészen a talajig ereszkedett.

This knocked-out SU-76M lies abandoned in a ruined German town in the spring of 1945. An internal explosion has blown away the upper front plate of the recuperator cover, and the vehicle appears to have burned out, destroying the temper of the torsion bars and collapsing the rear suspension until the idler wheel, normally raised, is touching the ground.

Imageforum AFP

Egy SzU-76M oszlop halad egy német város macskaköves útján 1945 tavaszán. Ezek a járművek 1944-es gyártásúak, mindegyiken ott látható a tartalék futógörgő a felépítmény hátfalán. Az SzU-76 és az SzU-76M futógörgői és láncfeszítő görgői megegyeztek, így sérülés esetén a tartalék görgőt mindkét pozícióban fel lehetett használni. A leghátsó önjáró löveg gyári sorozatszámát a felépítmény oldalának aljára festették fel kisméretű számokkal.

Another column of SU-76Ms moves down a cobbled German city street in the spring of 1945. These vehicles are 1944 production examples, and all carry a spare road wheel in its mount on the rear of the superstructure. The road wheel and the idler on the SU-76 and SU-76M were identical and the spare road wheel could therefore be used to replace a worn out or damaged idler as well. The nearest vehicle appears to carry the factory serial number in small script on the lower superstructure side.

Az 1. Belorusz Front SzU-76M önjáró lövege 1945 tavaszán. A löveg felépítményének bal oldalára nem kevesebb, mint három önmentő gerendát erősítettek, valószínűleg egyszerű bálázó kötéllel. Figyeljük meg, ahogy az egyenetlen talaj szinte ütközésig felnyomja a legelső futógörgőt! A görgők gumiját tartó fémgyűrűkről a lánctalp vezetőfogai lekoptatták a festéket.

This SU-76M from the 1st Belorussian Front in Germany in April 1945 carries no less than three unditching beams lashed to the left-hand side of the superstructure, attached with what appears to be baling wire. Note the way that the uneven terrain has pushed the foremost road wheel upward to the limit of its travel. The steel rims around the road wheel tires have been stripped of their paint and burnished by contact with the guide teeth on the tracks.

BPK

SzU-76M önjáró lövegek (valószínűleg az 1. Belorusz Front 5. csapásmérő hadseregének 1461. önjáró tüzérezred járművei) haladnak el egy Pz.Kpfw. IV roncsa mellett a Frankfurter sugárúton, Berlin délkeleti részén 1945. május elején. Az élen haladó két járművön még látható az erősen kopottas téli álcázófestés a 4BO Védő Zöld alapszínen. Figyeljük meg a csillogó fémgyűrűket a futógörgőkön és a láncfeszítőkeréken, amiket a lánctalp vezetőfogai koptattak le!

SU-76Ms, possibly from the 1461st Self Propelled Artillery Regiment in 5th Shock Army on the 1st Belorussian Front, drive past a wrecked Pz.Kpfw.IV on Frankfurter Allee in southeast Berlin in early May 1945. The leading two vehicles still carry heavily worn winter camouflage over their Protective Green 4BO base colour. Note the bright rims on the road wheels and idlers, burnished from contact with the guide teeth on the tracks.

Gettyimages

Egy szovjet katona lelkesen ünnepelve pózol egy SzU-76M tetején, ahogy az keresztül parádézik a Prágától északkeletre fekvő Jicsin városán, Csehszlovákiában, 1945 májusában. A körzetet május 8-án szabadították fel a Vörös Hadsereg csapatai. A kézi indító nyílása nyitva van, a fedőlemez a felső csavaron függ, maga az indító kurbli azonban nincs a homloklemezen „készenléti" állapotban – minden bizonnyal az előírásnak megfelelően a motortér tetején elhelyezett tartójában van.

A Soviet soldier strokes a jubilant pose atop this SU-76M as it parades through the town square in Jičín, northeast of Prague, Czechoslovakia in May 1945. The district was liberated by RKKA troops on 8 May. The starter crank access port on the SU-76M is open, the cover hanging by the upper attachment bolt. The vehicle does not carry the crank in the 'ready' position on the glacis however. Presumably it is stowed in its regular bracket on the engine deck.

Author's Collection

Egy SzU-76M vonul el a kijevi Szent Szófia téren felállított Bogdan Hmelnyickij Hetman emlékmű előtt 1945. május 9-én az európai háború végét ünnepelve. A járművön alig látható külső felszerelés, ami arra utal, hogy valószínűleg egy laktanyából vonult ki a felvonulás idejére. Az időpontot figyelembe véve érdekes, hogy ez egy nagyon korai, 1943-as gyártású önjáró löveg, tekintve, hogy még hiányzik róla a lövegcső körüli megerősítő „gallér" a helyretoló szerkezet burkolatáról.

An SU-76M parades past the statue of Hetman Bogdan Khmelnitsky in St. Sofia Square in Kiev, Ukraine on 9 May 1945, to celebrate the end of hostilities in Europe. The vehicle carries very little external stowage, suggesting that it has come from a barracks to take part in the parade. Notably at this late period, the vehicle is an early production example from 1943, judging by the absence of the reinforcing collar around the gun barrel on the front of the recuperator cover.

RGAKFD

Egy beazonosítatlan alakulat SzU-76M önjáró lövegei az 1945. május 20-án Berlinben, az Unter Den Linden-en tartott felvonuláson, amelyet annak okán tartottak, hogy az 1945 május 1-én a Reichstagra kitűzött győzelmi zászlót Moszkvába szállították. Az élen haladó járműnek – a mögötte haladótól eltérően - hiányzik mindkét felhajtható első sárvédője, a lövege pedig rögzítve van a motortér szélére szerelt rögzítőbe.

An SU-76M from an unknown unit parades down Unter Den Linden in Berlin on 20 May 1945. The parade was held to mark the transfer of the Banner of Victory, raised over the Reichstag on 1 May, to Moscow. The leading vehicle is missing the folding front sections of both fenders, though they are present on the vehicle following behind. Note that the foremost vehicle has its main armament secured by the travel lock at the forward edge of the engine deck.

Strategia KM

Egy másik SzU-76M halad el a Reichstag előtt 1945. május 20-án Berlinben. A járművön „305"-ös harcászati azonosítószám szerepel, de a felépítmény hátfalán nem látható gyári sorozatszám. Figyeljük meg a tartalék futógörgő tartóját a felépítmény hátulján! Ez gyakori, de nem általános felszereltség volt az SzU-76M-eken. A futógörgők és a láncfeszítő kerékagyát fehérre festették, a gumikat tartó fémgyűrűkről azonban lekoptatták a festéket a lánctalp vezetőfogai.

Another SU-76M parades past the Reichstag in Berlin on 20 May 1945. The vehicle carries a three-digit tactical number 305 but no factory serial number is visible on the rear of the superstructure. Note the holder of the spare road wheel on the rear of the superstructure. This was a common but by no means universal fixture on the SU-76M. The hubs and rims of the road wheels have been picked out in white, though the finish on the road wheel rims has been abraded by the tracks.

RGAKFD

Az előző képen szereplő SzU-76M alakulatához tartozó, „306"-os harcászati azonosítószámú másik önjáró löveg, amely szintén részt vett a felvonuláson. Figyeljük meg a légkiömlő takarólemezeit, amelyeket a szabvány szerint a légkiömlő hátsó falán tárolnak. Használat közben a légkiömlők alján látható hat kis téglalap tartotta a helyükön a lemezeket, amelyeknek a felső részét csavarokkal biztosították. A képen azért ilyen feltűnőek a kis téglalapok, mert fehérre festették őket.

An SU-76M from the same unit, bearing the tactical number 316, forms part of the same parade. Note the blanking plates for the exhaust air outlet, carried in their stowed position on the rear of the outlet box. The six rectangles below the exhaust air baffles are the brackets on which the blanking plates rested when they were fitted in place. Their tops were then secured with wing nuts. The brackets are conspicuous in this photograph since they have been painted white for the parade.

Gyerekcsoport mászik egy felettébb megviselt SzU-76M-re egy, a háború végén tartott felvonulás során. A sárvédők felhajtható első tagja hiányzik, maguk a sárvédők gyűröttek, ráadásul a középső elem hiányzik. Figyeljük meg a lánctalp vezetőfogainak beéső felületét, amelyet fényesre políroztak a futógörgők fémgyűrűi, a láncfeszítő és a fém visszafutógörgők!

A group of children climb aboard a rather battered SU-76M in another victory parade after the end of the war in Europe. The folding front sections of the vehicle's fenders are both missing, the fenders themselves have been peeled back and the center section of the right-hand fender is also missing. Note the bright insides of the inner guide teeth on the track, which have been burnished from continual contact with the sprockets and steel return rollers.

Imageforum AFP

Egy 1944 végén gyártott SzU-76M vonul el egy városi utcán. Figyeljük meg a jármű hátfalának közepén a vontatószemet! Akárcsak a kor összes többi szovjet önjáró lövege, az SzU-76M is fel volt szerelve ilyen vontatószemmel, hogy utánfutókat, vagy akár más vontatott tüzérségi eszközöket is elhúzhassanak. Ennek az önjáró lövegnek csak a hátfalára festették fel a kétjegyű „53"-as harcászati azonosítószámot, az oldalára nem. A felépítmény hátfalán alig láthatóan, de nem kiolvashatóan fel van festve a gyári sorozatszám is.

A late 1944 production SU-76M moves down an urban street. Note the towing shackle on the center rear of the vehicle. Unlike many Soviet self-propelled guns of the period, all SU-76Ms were equipped with such towing shackles enabling them to tow trailers or even other towed artillery pieces. The vehicle carries the two-digit tactical number 53 on the rear of the hull but not on the sides. A factory serial is faintly visible but not legible on the rear of the superstructure.

SzU-76M önjáró lövegek vonulnak egy város macskaköves útján. A legelöl haladó jármű egy 1944 végén készült példány, aminek szokatlan módon a lövege majdnem teljesen fel van emelve. Ennek az lehet az oka, hogy a személyzet a lehető leggyorsabban reagálni tudjon abban az esetben, ha valamelyik épület emeletéről vagy tetejéről érné őket támadás. Az SzU-76M kedvelt harceszköz volt a helységharcokban, mivel a felül nyitott küzdőtér kiváló kilátást biztosított és rendkívül hatásos repesz-romboló lőszerrel rendelkezett.

A battery of SU-76Ms from an unknown unit proceeds down a cobbled city street. The foremost vehicle is a late 1944 production example and, rather unusually, travels with its main armament at close to maximum elevation, possibly to allow it to rapidly engage targets in the upper floors of urban buildings. The SU-76M was favoured for fire support in urban environments since the open top provided excellent visibility and it had a useful high explosive round.

Imageforum AFP

SzU-76M önjáró löveg halad el egy forgalomirányító katonanő mellett. Az SzU-76M dupla vezetőfogas, középen a meghajtókerék fogait befogadó lyukkal kialakított lánctagjait kenés-mentes acél csapszegek fogták össze. Az összes lánctag 300 mm széles volt, egy-egy oldal lánctalpa 90-91 tagból állt. Az önjáró löveg fajlagos talajnyomása 0,55 kg/cm2, ami kiváló terepjáró képességet biztosított, így lehetőséget teremtett arra, hogy a Vörös Hadsereg csapatai olyan irányból támadják meg a német egységeket, amit azok biztonságosnak minősítettek.

This SU-76M from an unknown unit passes a female RKKA solider performing traffic duty on a German street. The SU-76M utilized all-steel dry-pin tracks with two guide teeth on each track and a central hole for engaging the 15-tooth drive sprocket. Each track link was 300mm wide and each track run consisted of 90-91 links. The SU-76M's low ground pressure of 0.55 kg/cm2 gave it excellent cross-country mobility and allowed RKKA units to attack through areas thought to be 'safe' by the Germans.

Imageforum AFP

Egy SzU-76M személyzetének egyik tagja egy helyi kisgyerekkel beszélget Berlinben, az összecsapások után, miközben járműve pár méterrel hátrébb parkol. Az SzU-76M a képen látható kiépített úton elérte a 30 km/ó sebességet, de a romok és törmelékek miatt gyakran kisebb sebességet kellett alkalmazni. A túl nagy sebességgel történő haladás megrongálhatta a futóművet és valószínűleg a lánctalp töréséhez, vagy levetéséhez vezetett.

A crewman from this SU-76M converses with a local child in front of a Berlin dwelling after the end of hostilities, as his vehicle sits on the sidewalk a few meters away. The SU-76M was capable of speeds up to 30kph on paved roads such as this one, but rubble or other debris often reduced the practical speed to much less than this. Traveling at too great a speed over unsuitable terrain resulted in damage to the running gear and possibly a thrown or broken track.

Egy SzU-76M egy kibombázott épület mellett halad el Berlinben a harcok után. A jármű elején keresztbe vetett vontatókábel arra utal, hogy valószínűleg alakulatának egy másik elakadt vagy kilőtt járművének műszaki mentéséhez siet. Az önjáró lövegen a vontatókábel és a váltómű emelőgyűrűjébe akasztott kézi indító kivételével nem látható más felszerelési tárgy.

An SU-76M drives past a bombed-out Berlin edifice after the end of hostilities. The position of the tow cable, draped over the front of the vehicle ready for rapid deployment, suggests that it may be on its way to recover a broken-down or knocked-out vehicle from its parent unit. Apart from the tow cable and the engine starter crank in the lifting eye on the transmission access cover, the vehicle is almost devoid of external stowage.

Ez az SzU-76M Mandzsúriában teljesített szolgálatot a Transzbajkáli Front alárendeltségében 1945 augusztusában. A mandzsúriai hadászati támadó hadműveletben több mint 950 darab SzU-76M vet részt a japán hadsereg ellen. A helyretoló szerkezet borításának bal oldalán olvasható „Смелый" felirat jelentése: „Bátor".

This SU-76M is operating with the Transbaikal Front in Manchuria in August 1945. More than 950 SU-76Ms took part in the Manchurian Strategic Offensive against the Japanese Army. The slogan on the left-hand side of the recuperator cover, 'Смелый' translates to 'Brave'. There is another slogan, unfortunately illegible, on the left-hand side of the superstructure. Note the spare track links tucked under the support brackets on the left-hand fender.

Author's Collection

SzU-76M-ek csoportja egy katonai felvonuláson Moszkvában. Ezek már 1945 végén készült példányok, ami arra utal, hogy a fénykép az európai háború vége után készült. Az önjáró lövegek makulátlan megjelenésűek, teljes külső felszereléssel. A vezető nyílásán bepillantva megfigyelhetjük a belső tér világos (valószínűleg fehér) színét. A járművek belsejét általában fehérre festették, hogy növeljék a belső láthatóságot.

Another group of SU-76Ms participate in a military parade in the Soviet Union. These vehicles are the late 1945 variant which places the photograph after the end of the war in Europe. The SU-76Ms are immaculately turned out and carry full stowage on the glacis plates, hull sides and engine deck. Note the view into the driver's compartment revealing the pale (presumably white) interior. Vehicle interiors were typically painted white to aid visibility for the driver.

Strategia KM

Szovjet gyalogosok elhagynak egy SzU-76M-et. Bár a takaróponyva miatt nem látható a felépítmény felső széle, a képen szereplő önjáró löveg valószínűleg 1945 második felében készült, közvetlenül a háború végét követően. Itt már megnövelték a felépítmény hátsó lemezét és ennek megfelelően az oldalfalak hátsó részét is. Ezek a változatok szolgáltak Mandzsúriában, Koreában és később a Szovjetunió szatelitállamaiban is.

Soviet infantry dismount from an SU-76M. Though the upper edges of the superstructure are obscured by the tarpaulin covering the fighting compartment, this vehicle appears to be the late 1945 variant introduced just after the end of the war in Europe. This model featured a raised rear superstructure plate, and the sloped upper edges on the rear superstructure sides were correspondingly smaller. This variant saw active service in Manchuria, in Korea and later with Soviet client states.

Jürgen Wilhelm

Ezt az SzU-76M-et az 5. „Wiking" SS-páncéloshadosztály zsákmányolta és használta 1944-ben, valószínűleg a páncélos-felderítőosztályban. A járművet sárga alapszínnel és zöld álcázószínnel festették le, a homlokpáncél bal szélére felkerült a hadosztály-jelzés, jobbra a harcászati jelzés, és számos hasábkereszt is látható járművön; egy a homlokpáncélon, kettő a felépítmény elején, egy-egy az oldalán és valószínűleg kettő került hátulra is. Figyeljük meg, hogy szinte semmiféle felszerlés nincs az önjáró lövegen!

This SU-76M was captured and used by 5. SS-Panzer-Division Wiking in 1944, possibly as part of its reconnaissance battalion. The vehicle is camouflaged in green over dark yellow with the divisional insignia on the left of the glacis plate, a tactical marking on the right and numerous white crosses; one on the glacis, two on the front superstructure, one on each side and one or possibly two on the rear. Note the almost complete lack of stowage on the vehicle.

Jürgen Wilhelm

Jürgen Wilhelm

A képen az előző „Beutepanzer”-t (zsákmány páncélost) láthatjuk az 5. „Wiking” SS-páncéloshadosztály szolgálatában 1944-ben. A magasra emelt lövegnek köszönhetően jó rálátást kapunk a helyretoló szerkezet borításának alján elhelyezett, itt nyitott szerelőnyílásra és a 76,2 mm-es ZiS-3 löveg dupla csőszájfékre [a löveg a német terminológiában PaK 36 (r) jelzéssel szerepelt]. A csőszájfék megegyezik a ZiS-3 páncéltörő ágyú vontatott változatának csőszájfékével.

This photograph shows the same beutepanzer SU-76M in service with 5. SS-Panzer-Division Wiking in 1944. The elevation of the main armament provides a good view of the open access port on the underside of the recuperator cover, and of the double-baffled muzzle brake on the 76.2mm ZIS-3 gun or PaK 36(r) as it was known in German service. The muzzle brake was identical to that fitted to towed versions of the ZIS-3 gun.

Jürgen Wilhelm

Az SzU-76M alvázát számos más jármű alapjaként is használták. Ezek közé tartozott az 1939 M (61-K) 37 mm-es légvédelmi gépágyúval felszerelt ZSU-37, amelynek lőszerjavadalmazása 320 darab volt, ötös rakaszokba tárazva. A löveggel nem csak légi, de szárazföldi célokat is meg lehetett semmisíteni. A jármű műszaki jellemzői megegyeztek az SzU-76M mutatóival. A fényképen az ZSU-37 egyik prototípusa látható az 1944-1945 telén végrehajtott próbajáratok során.

The SU-76M chassis was used as the basis for a number of other vehicles. Among these was the ZSU-37, armed with a 37mm Automatic Air Defense Gun M.1939 (61-K) and 320 rounds of ammunition in five-round clips. The gun could be used not only against aircraft but also to engage ground targets. Automotive performance was similar to that of the SU-76M. This photograph shows one of the ZSU-37 prototypes during trials in the winter of 1944/45.

A SOROZAT EDDIG MEGJELENT KÖTETEI
AVAILABLE IN THIS SERIES

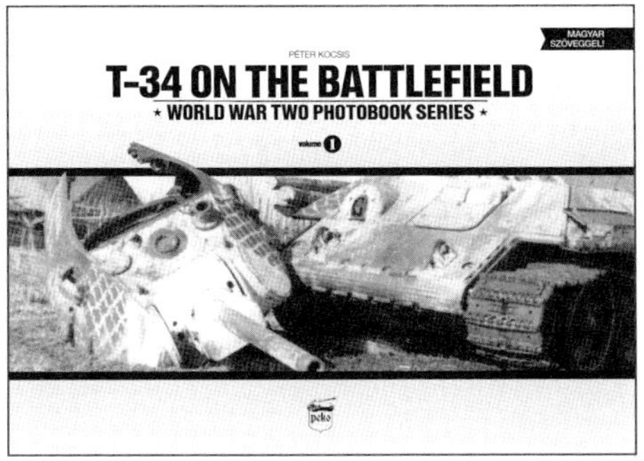

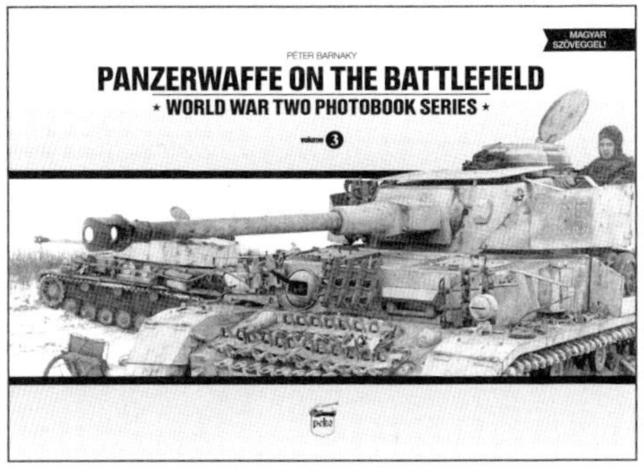